한 번에 개발하는

안드로이드/iOS 앱
with 델파이

1편 - 기초다지기

한번에 개발하는
안드로이드/iOS 앱 with 델파이

1편 - 기초다지기

지은이 | 김원경 · 김현수 · 오상현
기 획 | 김나래
펴낸곳 | (주)데브기어 출판부

디자인 | 지와수

초 판 발행일 2014년 10월 20일
개정판 발행일 2017년 01월 06일

주소 | 서울특별시 서초구 사평대로 359, 3층 (주)데브기어
전화 | 02-595-4288 FAX : 02-536-4288
홈페이지 | www.devgear.co.kr
전자우편 | ask@embarcadero.kr

ISBN : 978-89-962516-4-4
값 : 10,000원

| 머리말 |

"여러분의 멋진 첫 단추가 될 것입니다"

바로 시작할 수 있을 만큼 쉽고, 지루하지 않고 재미있게 따라가면서도, 수준 높은 앱을 만들어 볼 수 있는 모바일 프로그래밍 안내서를 만들고 싶었습니다.
다른 기술 서적처럼 앞 부분만 읽혀지고 책장에 꼽히는 책이 아니라, 소설 책처럼 부담없이 끝까지 읽게 되는 책을 만들고 싶었습니다.

이 책은 "델파이"라는 멋진 도구를 활용하여 여러분이 지금 바로 모바일 앱 개발을 시작할 수 있도록 해줍니다. 이 책의 여러 가지 예제를 함께 구현해가면서, 여러분은 프로그래밍이란 얼마나 멋진 일인지를 경험할 수 있을 것입니다. 그리고 이 책을 마치고 나면, 여러분이 가진 멋진 아이디어들을 실제 앱으로 구현할 수 있는 강력한 "힘"을 가지게 될 것입니다. (물론 열정은 필수! 입니다).

이 짧은 책에 델파이의 강력함을 모두 담을 수는 없습니다. 하지만, 여러분이 "Hello World" 메시지 창을 표시하는 예제부터 시작하다 보면 어느새 데이터베이스를 활용하고, 3D나 애니메이션을 이용하여 화려한 앱을 만들고, 클라우드 서비스를 연결하고 있는 자신을 발견하게 될 것입니다. "델파이가 아니라면" 고급 개발자들도 구현하기 까다롭거나 또는 몇 달씩 걸려도 어려운 것들을 입니다. 이것들을 여러분이 직접 할 수 있습니다.

델파이를 활용하면 안드로이드폰, 아이패드, 윈도우 PC, 맥 컴퓨터에서 작동되는 네이티브 앱을 모두 만들 수 있습니다. 모바일 앱 개발이 처음이라면, 지금까지 델파이를 경험해 보았거나 그렇지 않았거나 관계없이 이 1편 기초 다지기는 마치 스포츠 카의 제로백처럼 순식간에 여러분을 일정 궤도에 올려줄 것입니다.

엠바카데로 MVP로서 자신의 기술력과 경험을 담아주신 인포티엠의 오상현 님, 20년의 델파이 강의 경력을 바탕으로 저술해주신 김원경 님, 델파이 에반젤리즘 김현수 님, 그리고 꼼꼼히 검토해주신 문효섭 기술 이사님과 데브기어 팀에 감사의 인사를 전합니다.

데브기어 대표이사 박 범 용

| 이 책을 읽기 전에 |

엠바카데로 테크놀러지스(Embarcadero Technologies)는 멀티 디바이스 시대의 흐름에 맞춰 다양한 플랫폼(안드로이드, iOS, OSX, 윈도우)의 네이티브(native) 앱을 개발할 수 있는 개발 툴인 델파이를 출시하였습니다.

사실 델파이는 VCL이라는 방대한 컴포넌트 라이브러리를 바탕으로 전 세계의 수 많은 개발자들에 의해 1980년대 초부터 지금까지 다양한 분야의 응용프로그램을 개발하는데 활용이 되고 있습니다. 한때 델파이와 더불어 개발툴 시장을 호령했던 경쟁툴들이 쇠퇴의 길을 걷고 있는 것과는 대조적으로 델파이는 개발툴의 기술 리더답게 오늘날 동일한 소스 코드로 윈도우와 맥(OSX)에 이어 iOS와 안드로이드 플랫폼 모두를 동시에 개발할 수 있는 최강의 툴이 되었습니다.

특히 델파이로 개발된 앱은 네이티브(native)앱으로써 성능, 안정성, 사용자 만족도 측면에서 웹앱 기반의 하이브리드 앱과는 비교를 할 수 없는 우위를 제공하고 있습니다.

이 책은 델파이로 만들 수 있는 다양한 플랫폼 중에서 안드로이드와 iOS 플랫폼 즉, **모바일 플랫폼 용 앱 개발을 주제**로 작성되었습니다.

이 책은 모바일 앱을 처음 개발하는 입문자를 대상으로 쓰여졌습니다. 그렇지만 델파이를 이용하여 기존의 윈도우 응용프로그램을 개발했던 개발자들도 손쉽게 모바일로 개발 능력을 향상시키는데도 도움이 됩니다.

저희가 생각하는 이 책의 독자는 다음과 같습니다.

1) 모바일 앱 개발을 시작하려는 초보 개발자
2) 델파이로 윈도우(VCL) 어플리케이션 개발 경험이 있지만, 모바일 앱 개발이 처음인 사람
3) 다른 프로그래밍 툴과 언어는 익숙하지만, 델파이 모바일 앱 개발이 처음인 사람
4) iOS, 안드로이드 플랫폼의 모바일 앱을 동시에 만들고자 하는 개발자

이 책은 따라하기 형태의 다양한 실습 예제를 위주로 학습하도록 구성하였습니다.
이와 같이 구성한 이유는 두 가지입니다.

첫째, **실습을 통하여 앱 개발**을 체험함으로써 재미있고 손쉽게 학습합니다. 실습을 응용하면 실제 앱 개발에 활용할 수 있습니다.

둘째, 델파이로 모바일을 개발하므로 컴포넌트 기반으로 **복잡한 코딩 없이 개발**하게 됩니다. 컴포넌트 사용법이 매우 쉽고 강력하기 때문에 재미있는 실습을 통해 학습할 수 있습니다.

이 책은 총 2개의 파트와 부록으로 구성되어 있습니다.

첫 번째 파트는 모바일 앱 개발 시작을 위한 기본 지식을 학습하고, "Hello World" 모바일 앱과 프로토타입 데이터를 사용한 사원정보 앱을 만듭니다.

두 번째 파트는 다양한 파이어몽키 컴포넌트를 익히고 모바일 앱을 만듭니다.

부록에서는 델파이를 설치, 개발된 앱을 앱스토어 또는 안드로이드 마켓에 배포하는 방법, 플랫폼 별 SDK를 이용하는 방법 등을 설명합니다.

하나의 파트는 여러 개의 장으로 구성됩니다.

각 장은 초반부에 이론을 간단히 설명하고, 따라하기와 실습을 진행합니다.

책을 읽을 때 눈으로만 내용을 익히지 말고 반드시 따라하기를 통해 프로젝트를 생성하고, 코딩 (또는 제공되는 소스 참조)을 하고, 그 결과를 직접 확인하여 자기 것으로 만들기 바랍니다.

(실패를 경험할 때 가장 많은 것을 배운다고 합니다. 직접 코딩을 하고, 오류가 발생하면 이것을 해결하기 위해 다양한 시도를 하는 그 경험은 눈으로만 읽은 것보다 오래 기억됩니다.)

각 장의 마지막에는 활용 실습을 두어 그 동안 학습한 내용을 혼자서 구현해 볼 수 있도록 실습 문제가 출제됩니다. 각 문제에 대한 답은 제공되는 소스 코드를 통해 확인 할 수 있습니다.

이 책을 쉽게 따라갈 수 있도록 프로그래밍 언어와 문법 설명은 가급적 줄였습니다. 언어를 더 심도있게 알고싶다면 데브기어가 출간한 다른 책들을 학습하십시오.

모든 소스 코드, 따라하기 동영상 등 자료는 www.devgear.co.kr/book에 있습니다. (소스 코드는 XE7버전으로 작성되었지만, 다른 버전에도 적용됩니다.) 책에 대한 의견과 질문은 tech.devgear.co.kr를, 데브기어의 다양한 교육 과정을 수강하려면 www.devgear.co.kr/edu를 적극 활용하세요.

데브기어 교육 과정

자세히 보기: www.devgear.co.kr/edu

 윈도우 애플리케이션을 개발하고 싶어요!

 멀티-디바이스 (모바일 등) 앱을 개발하고 싶어요!

 사물인터넷 앱을 개발하고 싶어요!

 쉽고 빠르게 데이터모델링을 하고 싶어요!

기초 다지기

 델파이 기초 (2일)

개발 일반

 델파이 윈도우 애플리케이션 개발 (4일)

 델파이로 한 번에 개발하는 안드로이드&iOS (2일)

확장하기

 델파이 DB프로그래밍: 2-티어(2일)

 델파이 DB프로그래밍: 멀티-티어 (3일)

 실전! 델파이 멀티-디바이스 앱 UI/UX 구현 (1일)

 델파이 모바일 앱 실무: Push, 퍼블리싱 (1일)

개발워크샵

 델파이 프로그램 완성하기 – 공통주제 (3일)

 델파이 개발 능력 인증 과정 – 자유주제 (2주)

실무 프로젝트

 [실무 프로젝트] 델파이 마이그레이션 (4일)
보유하신 델파이 코드를 직접 마이그레이션 합니다.

특강

 사물인터넷 앱 개발 with 델파이 (1일)

 Skill UP! Speed UP! 데이터모델링 (1일)

한번에 개발하는
안드로이드/iOS 앱 with 델파이

Part 1 / 시작하기

| Contents |

Part 2 / 모바일 앱 개발하기

시작하기

델파이 개발환경을 살펴봅니다.
아이폰과 안드로이드폰에서 간단히 Hello World 메시지를 표시해봅니다.
델파이로 모바일 앱을 개발하기 위한 기본적인 특징과 기능을 이해하고,
프로토타입 데이터를 활용하여 사원정보 앱을 만들어 봅니다.

M o b i l e   A p p

1장

델파이 개발환경 둘러보기

이 장에서는 델파이의 특징과 이것으로 무엇을 할 수 있는 지를 요약합니다.
그리고, 개발환경의 구성과 기본 사용법을 살펴봅니다.

1. 델파이의 특징

델파이는 미국 엠바카데로 테크놀러지스 사에서 제공하는 개발도구입니다. XE5 버전부터는 안드로이드, iOS, 윈도우, 맥 OS 용 네이티브 앱을 모두 만들 수 있습니다. 실제로 현재 델파이에는 VCL이라는 걸출한 윈도우 전용 프레임워크와 여러 가지의 컴파일러 등 많은 요소들이 포함되어 있습니다. "멀티-플랫폼" 특징이 추가되기 훨씬 전부터 지금까지 근 30년간 다양한 분야에서 개발자들의 사랑을 받고 있습니다.

이 책의 범위는 "한번에 개발하는 안드로이드/iOS앱 with 델파이"라는 제목처럼 모바일 플랫폼으로 한정합니다. 델파이의 특징은 스크립트가 없는 순수 네이티브 앱을 쉽게 만들고 동일한 소스코드에서 여러 다양한 디바이스에 맞게 배포하여 각 디바이스의 모든 기능과 성능을 한껏 활용할 수 있도록 한다는 점입니다. 업그레이드 버전을 만들거나 새로운 플랫폼과 디바이스를 추가 지원할 경우에도 마찬가지입니다.

하나의 코드베이스에서 멀티-디바이스를 지원한다고 하면 흔히 HTML과 같은 웹 기술, 자바스크립트, 또는 자바와 같은 가상머신(VM)을 떠올립니다. 하지만, 이 기술은 각 디바이스의 기능과 성능에 최적화 될 수 없으므로, 사용자의 사용성과 성능 모든 면에서 제약이 따릅니다. 또한 자바, 스크립트, 가상머신 런타임이 해커의 목표가 되므로 본질적인 보안 위험을 내포하고 있습니다.

델파이는 이러한 웹 앱 또는 하이브리드 앱을 만드는 도구가 아닙니다. 델파이는 순수 네이티브 앱을 만듭니다. 즉 델파이로 만들어진 앱은 스크립트나 가상머신과 같은 중간 계층이 없이 하드웨어 CPU에서 직접 실행되기 때문에 외부 공격의 리스크가 줄어듭니다. 또한 디바이스에 최적화되므로 빠르고, 제약이 없으며, 사용자 경험(UX) 수준이 높습니다. 개발자 입장에서는 작성된 코드가 디바이스 제작사의 의도대로 작동되므로 실제 동작을 정확히 예측할 수 있다는 장점도 있습니다.

LLVM 컴파일러 인프라란?

LLVM 프로젝트는 모듈화되고 재사용할 수 있는 컴파일러와 도구 체인 기술의 모음입니다. 최초 일리노이 대학의 연구 프로젝트로 시작되었으며, 이후 애플사 등 수많은 회사와 오픈 소스 프로젝트가 참여하면서 크게 성장하였습니다. 엠바카데로는 현재 LLVM 컴파일러 인프라를 가운데에 두고 개발자 영역(컴파일 전)에서는 델파이와 C++ 언어를 동시에 지원하고, 배포 영역(컴파일 후)에서는 윈도우, 맥, 안드로이드, iOS 용 실행 파일을 모두 빌드할 수 있도록 합니다.

델파이를 잘 다루기 위해 개발자가 LLVM을 알아야 할 필요는 없습니다. 다만, 궁금한 경우 llvm.org를 참고하세요.

델파이와 RAD Studio는 다른가요?

RAD Studio는 델파이와 C++빌더가 모두 들어있는 개발 스위트입니다. 델파이 (즉, 오브젝트 파스칼) 언어와 C++ 언어를 모두 사용하는 개발자라면 델파이와 C++빌더를 각각 따로 사용하면 비용도 커지고 관리도 불편합니다. 이 경우 RAD Studio를 선택하면 하나의 개발 환경에서 두 가지 언어를 모두 사용할 수 있습니다.

2. 델파이 개발환경의 구성과 항상 사용하는 메뉴

개발자가 시각적인 개발 화면에서 수백 가지의 컴포넌트를 사용하여 개발하므로 쉽고 빠르게 프로그래밍을 할 수 있습니다. 따라서 여러분의 개발이 훨씬 더 즐거워질 것입니다. 지금부터 델파이 개발환경의 구성과 기본적인 사용법을 알아보겠습니다. 이 책을 읽어나가기 위해서는 아래 내용을 꼭 알고 있어야 합니다. (델파이 무료평가판 설치는 부록을 참고하세요)

델파이 개발 환경 가장 위쪽은 File 메뉴로 시작되는 메인 메뉴가 있으며, 아래와 같이 가운데 넓은 작업 화면과 주변 4개의 창으로 나누어집니다.

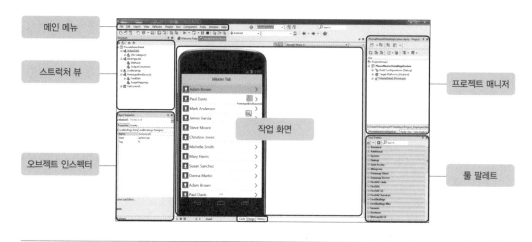

메인 메뉴

스트럭처 뷰

오브젝트 인스펙터

작업 화면

프로젝트 매니저

툴 팔레트

그림 1. 개발 화면 구성

작업 화면

작업 화면에는 폼 디자이너, 코드 에디터, 또는 라이브 바인딩 디자이너가 표시됩니다. 위 그림에는 작업 화면에 폼 디자이너가 보이고 있습니다. 폼 디자이너에서는 UI 요소를 마우스를 사용하여 편집할 수 있습니다. 폼 디자이너 위에 추가된 UI 컴포넌트를 마우스로 선택하면 오브젝트 인스펙터에는 선택된 컴포넌트에 대한 속성과 이벤트가 표시됩니다.

프로젝트 매니저

프로젝트 그룹과 현재 프로젝트의 파일들을 계층형으로 표시합니다. 마우스 오른쪽 버튼을 사용하여 안드로이드, iOS, 맥, 윈도우 등 배포할 타겟 플랫폼을 지정하거나 추가할 수 있으며, 유닛, 폼 등 파일을 프로젝트에 추가, 삭제할 수 있습니다.

툴 팔레트

개발 시 사용할 수 있는 모든 컴포넌트가 카테고리 별로 구분되어 들어있습니다. 각 카테고리를 확장하여 원하는 컴포넌트를 더블클릭 하거나, 드래그 드롭하면 개발 화면에 해당 컴포넌트의 오브젝트를 추가할 수 있습니다. 툴 팔레트에 있는 검색창을 사용하면 필요한 컴포넌트를 보다 쉽게 찾을 수 있습니다.

오브젝트 인스펙터

작업 화면에 있는 오브젝트의 속성을 변경하거나, 이벤트 핸들러를 추가 할 수 있습니다. 오브젝트 인스펙터에는 Properties 와 Events 라는 두 개의 탭이 있습니다.

- Properties 탭에서는 컴포넌트의 속성 즉 위치, 정렬, 색, 폰트, 정렬, 텍스트 등을 변경할 수 있습니다. (예: 버튼 컴포넌트의 Text 속성을 변경하면 작업 화면의 해당 버튼의 텍스트가 변경됩니다)

- Events 탭을 선택하면 오브젝트에 발생할 수 있는 이벤트들 (예: 버튼인 경우 Click 등)이 모두 표시됩니다. 원하는 이벤트 옆 칸을 더블 클릭하면 작업 화면이 코드 에디터로 바뀌면서 해당 이벤트 핸들러가 만들어집니다. 이 이벤트 핸들러 안에는 해당 이벤트가 발생될 경우 수행할 동작을 개발자가 직접 코드로 작성하게 됩니다. 이제부터 "이벤트 핸들러 코드를 작성합니다." 라고 할 경우에는 안에 들어갈 코드만 설명하고 이벤트 핸들러 생성 과정은 생략하겠습니다.

스트럭처 뷰

사용되고 있는 컴포넌트의 부모-자식 관계를 계층형으로 표시합니다. 마우스를 이용하여 이 관계를 변경할 수 있습니다. (예: 탭1 아래에 있는 버튼1을 탭2 아래로 옮길 수 있습니다)

메뉴 중 자주 사용하는 것은 별도로 나와 있습니다. 아래 그림은 항상 사용되는 메뉴만 설명합니다.

그림 2. 항상 사용하는 메뉴

❶ 실행 버튼

프로젝트를 실제로 작동시킵니다. 큰 녹색 버튼을 클릭하면 선택된 배포 디바이스 즉, 프로젝트 매니저의 Target Platforms에 굵게 활성화된 플랫폼과 디바이스에서 앱이 작동합니다. 실행을 중단하거나 디버깅하면서 실행하기를 위한 버튼들도 옆에 있습니다.

❷ 개발 플랫폼 선택

선택된 플랫폼과 장비에 따라, 작업 화면의 폼 디자이너에 장비 모양이 달라집니다. 새 장비를 연결한 경우 드롭다운 리스트 우측의 장비모양 버튼을 클릭하면 리스트가 새로고침 됩니다.

❸ IDE 인사이트 검색

컴포넌트뿐만 아니라, 코드 템플릿, 환경 설정 등 개발환경의 모든 요소를 검색하고 바로 사용할 수 있습니다.

❹ 코드-디자인 변환

작업 화면 하단에 있으며, Code 탭을 선택하면 코드 템플릿이 표시되고 Design 탭을 선택하면 폼 디자이너가 작업화면에 표시됩니다. History 탭은 저장된 소스 코드의 변경 이력이 표시됩니다. 서브버전 등의 버전 콘트롤과 연결할 수 있습니다. 저장하지 않고 현재 작업 중인 내용에 대한 되돌리기는 이곳이 아니라, 상단 메인 메뉴 중 Edit > Undo (또는 Redo)를 이용합니다.

이 책은 델파이를 활용하여 여러가지 모바일 앱을 직접 따라가며 만들고 그 과정에서 델파이를 배우고 익힐 수 있도록 하기 위해 작성되었습니다. 델파이의 수백가지 컴포넌트와 기능을 설명하는 매뉴얼이 아니므로 각 항목을 나열하여 설명하지 않고 이 책의 진행에 꼭 필요한 요소만 설명합니다.

개발 환경 대한 상세한 사용법은 데브기어의 기술게시판에 있는 약 60페이지 분량의 무료 PDF 파일을 추천합니다. (http://tech.devgear.co.kr/403845)

Tip

델파이는 윈도우와 맥 컴퓨터에 모두 설치되나요?

델파이는 윈도우 컴퓨터에만 설치됩니다. 따라서 일단 윈도우 컴퓨터와 델파이만 있으면 안드로이드폰 등 원하는 플랫폼의 화면을 미리 보면서 바로 개발을 시작할 수 있습니다. 또한 윈도우 미리보기를 활용하여 모바일 디바이스 없이도 윈도우 화면으로 작동을 확인할 수 있습니다. 동작을 실제로 확인하거나, 카메라 등 모바일 디바이스에만 있는 기능을 확인하려면 안드로이드폰 등 실제 모바일 디바이스 또는 에뮬레이터를 델파이에 연결하여 해당 디바이스에서 실행할 수 있으며, 앱스토어로 배포할 수도 있습니다.

이 책을 따라가면서 궁금한 사항이 생기면 어떻게 하나요?

1. 구글 검색(웹페이지, 문서, 동영상)이 너무나 많습니다. Delphi 또는 Embarcadero를 검색어와 함께 넣으면 검색 결과가 보다 좋습니다.
2. 데브기어 기술게시판(http://tech.devgear.co.kr)에는 입문자가 따라할 수 있는 튜토리얼 문서, 동영상 강좌부터 고급 기술 아티클까지 많은 자료가 제공됩니다. 파이어몽키 뿐만 아니라 델파이 문법, VCL 사용, DB툴 문서 등이 모두 있습니다.
3. 델파모 카페(http://cafe.naver.com/delphifmx)가 책의 공동 저자인 오상현 님이 운영하는 카페입니다. 실전 관련 팁과 Q&A 자료가 많습니다.
4. 김현수 블로그(http://blog.hjf.pe.kr/)가 책의 공동 저자인 김현수 님이 운영하는 블로그입니다. 유용한 외국 자료와 다양한 기술 아티클이 있습니다.

이 책 이외에 추천할 교육이나 도서가 있나요?

1. 데브기어 교육(http://www.devgear.co.kr/edu)의 다양한 정규 과정이 매월 열립니다
2. 동영상 무료 강좌 – 구글에서 youtube 동영상 delphi로 검색하면 많이 나옵니다.
3. 델파이 프로그래밍 언어 (2009년, 총342쪽) – 오브젝트 파스칼 언어를 설명합니다.
4. 델파이 Begin…End (2011년, 총668쪽) – 델파이 VCL을 자세히 설명합니다.

2장

첫 번째 모바일 앱 만들기

모바일 앱 개발을 델파이로 처음한다면 Hello World 부터 해봐야겠죠?
지금부터 윈도우와 아이폰, 안드로이드폰에 "안녕하세요, 반갑습니다"라는
메시지를 표시해 보겠습니다.

델파이를 실행하고 모바일 앱 개발 마법사를 시작합니다. 그리고, 화면과 코드를 작성합니다.
마지막으로 원하는 디바이스에서 실행합니다.

1. 모바일 앱 개발 마법사 시작하기

앞의 1장 2절 '델파이 개발환경의 구성과 항상 사용하는 메뉴'를 건너 뛰었다면, 먼저 살펴본 후
따라하기를 진행하기 바랍니다.

01   메인 메뉴에서 File > New > Multi-Device Application – Delphi (XE6 이하 버전은 FireMonkey
Mobile Application – Delphi) > Blank Application을 클릭합니다. 아래와 같은 마법사 화
면이 나타납니다.

02 Blank Application을 선택하고 OK를 클릭합니다.

03 작업 화면에 마스터 뷰가 표시됩니다. XE7부터 스마트 기기의 종류만큼 다양한 화면 크기와 스타일을 구현하기 위하여 "멀티 디바이스 디자이너"라는 새로운 컨셉의 개발 화면이 추가되었습니다.

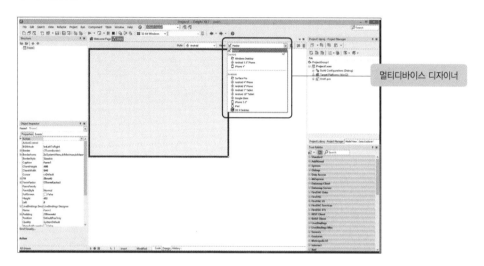

멀티디바이스 디자이너

04 메인 메뉴의 File > Save Project as…를 클릭합니다. 유니트(Unit) 명은 'Unit_Hello'로 하고, 프로젝트(Project) 명은 'Project_Hello'로 이름을 지정하고 일단 저장합니다.

 Tip

멀티 디바이스 디자이너

멀티 플랫폼 제품을 만드는 개발자와 디자이너에게 있어서 다양한 스마트 디바이스의 특성에 따라 화면과 스타일을 맞추는 것은 매우 큰 고민일 것입니다.
XE7부터 새롭게 도입된 "멀티 디바이스 디자이너"는 이러한 고민을 해결합니다.
멀티 디바이스 디자이너는 디바이스 별로 상이한 화면 크기와 스타일을 각각의 디바이스에 맞도록 구성하기 위한 새로운 화면 디자인 기술입니다. 즉, 안드로이드 4인치의 레이아웃과 7인치의 레이아웃을 각각 다르게 구성할 수 있고, 아이폰의 화면도 그와 다르게 구성할 수 있습니다.

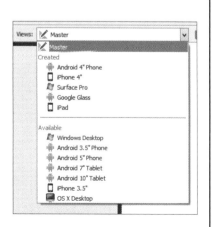

Tip

마스터 뷰와 디바이스 뷰

디바이스 뷰의 컨트롤과 레이아웃은 마스터 뷰로부터 상속받습니다. 따라서 디바이스 뷰에서 레이아웃을 변경
하면 해당 디바이스 뷰에만 적용됩니다.

마스터 뷰

마스터 뷰에 tButton과 StyleBook을 올려놓았습니다. 버튼
의 텍스트도 변경했습니다.

이후 안드로이드와 iOS에서 버튼의 위치와 스타일을 각각 디바이스에 맞게 변경합니다.

안드로이드 4"(디바이스 뷰) 예시   iPhone 4"(디바이스 뷰) 예시

위와 같이 디바이스 별로 화면을 구성할 수 있으며 델파이는 여기에 맞게 마스터 뷰와 디바이스 뷰 별 폼파
일(*.fmx)을 생성합니다. 그리고 컴파일 및 빌드 시 선택한 플랫폼에 맞는 폼파일을 이용해 앱이 만들어지기
때문에 플랫폼과 디바이스에 맞는 화면의 앱을 제작할 수 있습니다.

2. 화면 디자인과 코드 작성

이제 폼 디자이너에 버튼을 추가하고 이 버튼을 클릭했을 때 "안녕하세요. 반갑습니다" 라는 메
시지가 표시될 수 있도록 코드를 작성하겠습니다.

01 툴 팔레트에서 Standard 카테고리의 TButton 컴포넌
트를 드래그 드롭하여 폼 디자이너의 원하는 위치에
추가합니다.

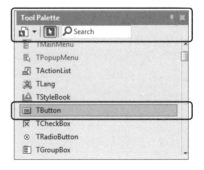

Tip

툴 팔레트의 Search 박스를 이용하면 컴포넌트를 보다 쉽게 찾을 수 있습니다.

예를 들어, Search 박스에 "tbu"를 타이핑 하면 TButton을 포함하여, 해당 문자열을 포함하는 모든컴포넌트
가 표시됩니다

02 방금 폼 디자이너에 추가한 버튼을 마우스로 선택하면, 오브젝트 인스펙터에는 선택된 버튼에 대한 정보가 표시됩니다. Text 속성 값에 '메시지 표시하기'라고 입력합니다. 폼 디자이너에 있는 버튼의 텍스트도 역시 '메시지 표시하기'로 표시됩니다.

 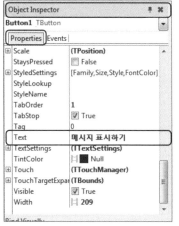

03 폼 디자이너에서 **메시지 표시하기** 버튼을 더블 클릭하면, 작업 화면이 코드 에디터로 바뀌면서 버튼 클릭 이벤트 핸들러 코드 템플릿이 완성되며 개발자가 코드를 작성할 곳에 커서가 위치합니다. 이 곳에 작성하는 코드는 사용자가 버튼을 클릭할 경우(모바일 폰에서는 손가락으로 버튼을 터치하는 경우)에 수행할 동작을 위한 코드입니다.

04 코드를 다음과 같이 작성합니다.

```
procedure  TForm1.Button1Click(Sender:TObhect);
begin
    ShowMessage ('안녕하세요, 반갑습니다.');
end;
```

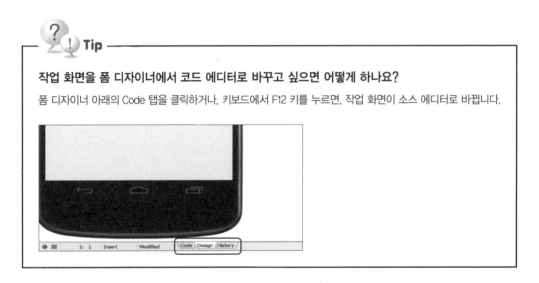

Tip

작업 화면을 폼 디자이너에서 코드 에디터로 바꾸고 싶으면 어떻게 하나요?

폼 디자이너 아래의 Code 탭을 클릭하거나, 키보드에서 F12 키를 누르면, 작업 화면이 소스 에디터로 바뀝니다.

3. 애플리케이션 테스트하기(디바이스에서 실행하기)

이제 Hello World 앱 개발이 완료 되었습니다. '부록2. 안드로이드 앱 개발 환경 설정과 디바이스 연결' 또는 '부록 3. iOS 앱 개발 환경 설정과 디바이스에서 연결'의 내용에 따라 이미 모바일 디바이스를 연결하였다면, 개발된 앱을 연결된 디바이스에서 실행할 수 있습니다. 아직 디바이스를 연결하지 않았다면 아래 Tip의 내용을 참고하여 윈도우에서 실행할 수도 있습니다.

01 실행 타겟 지정하기: 아래 화면과 같이 Target PlatForms (디펄트는 안드로이드로 선택되어 있음) 아래에 각 Android, iOS Device, iOS Simulator 등이 표시됩니다. 원하는 타겟을 선택하고 더블 클릭합니다. 실행 타겟으로 지정되고, 굵게 표시됩니다.

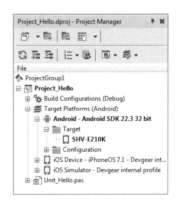

02 실행하기: 다음의 방법으로 앱을 실행합니다.

- 디버깅을 하면서 실행합니다 (Run 〉 Run 또는 F9)
- 디버깅을 하지 않고 실행합니다 (Run 〉 Run Without Debugging 또는 Shift+Ctrl+F9)

03 테스트하기: 실행된 앱에서 버튼을 클릭하여 아래 그림과 같이 동작을 확인합니다.

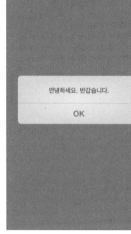

윈도우 실행화면

안드로이드 실행화면　　　　　　　iOS 실행화면

Tip

윈도우 환경에서 실행하기

델파이로 모바일 앱을 개발하다 보면 실제 디바이스가 있다고 하더라도 오히려 윈도우 미리보기를 많이 사용하게 될 것입니다. 앱을 쉽고 빠르게 실행해 볼 수 있기 때문에 개발자는 코드 한 줄을 고치더라도 부담없이 바로 실행하고 확인하면서 개발을 진행할 수 있습니다.

그럼 윈도우 환경으로 타겟을 지정하여 보겠습니다.

❶ 프로젝트 매니저의 Target Platforms 항목에서 우측 마우스를 클릭하여 Add Platform을 선택합니다.

❷ 다음의 대화상자가 표시되면 32-bit Windows를 선택합니다.

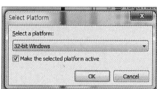

❸ 타겟 플랫폼에 32비트 윈도우 플랫폼이 추가된 것이 보입니다.

3장

파이어몽키(FireMonkey) 이해하기

파이어몽키의 특징을 이해하고 컴포넌트 기반 개발의 강점을 잘 활용하기
위한 능력을 확보합니다.

지금까지 델파이가 무엇인지, 어떻게 생겼는지를 알아보고 마우스 클릭 몇 번과 ShowMessage
라는 코드 한 줄만으로 모바일 앱을 만들어보았습니다. 그 결과 빌드하는 타겟에 따라 안드로
이드, iOS, 윈도우, 맥에서 실행되는 메시지박스가 표시되었습니다.

이것이 가능한 이유는 바로 파이어몽키(FireMonkey, FMX)라는 개발 프레임워크가 델파이 안
에 들어있기 때문입니다. 여러분이 파이어몽키를 잘 이해하면 할 수록, 더욱 수준 높은 앱을 만들
수 있습니다.

이 장에서는 파이어몽키의 주요 특징과 장점을 설명하고 이어서 따라하기 방식으로 사원
정보 앱을 직접 만들어 봅니다. 이 앱은 데이터베이스를 사용하는 모바일 업무 프로그램
의 전형적인 유형이므로 **반드시 실습하십시오.**

실습에 앞서 파이어몽키에 대한 통찰력을 가질 수 있도록 이론을 먼저 설명하겠습니다.
내공을 높이기 위해 꼭 필요한 내용이지만, 처음에는 이해하기 쉽지 않을 수 있습니다. **만
약 이 이론 부분이 어렵게 느껴진다면, 바로 33쪽으로 넘어가셔도 좋습니다.** 언젠가 더
실력이 쌓이면 꼭 학습하십시오. 프로그래밍의 기초가 튼튼해집니다.

1. 오늘날의 모바일 개발 환경과 파이어몽키

파이어몽키를 알기 전에, 모바일 앱을 개발하려고 했다면, 웹 기술과 네이티브 기술 중 무엇을 선택할 것인지를 고민했을 것입니다. 아마 어느 것도 선택하지 못하고 결정을 미루었을 수도 있습니다.

웹 기술은 웹페이지를 만들 듯이 HTML(또는 HTML5)과 자바스크립트 등으로 개발합니다. 웹 브라우저 위에서 작동하는 '웹 앱'이므로 플랫폼 별로 따로 개발하는 수고를 덜 수 있다는 점이 가장 큰 장점입니다. 하지만, 웹앱은 모든 플랫폼과 모든 웹 브라우저가 지원하는 최소공집합 범위 내에서 HTML과 스크립트로 구현할 수 있는 수준까지로 기능이 제한되며, 상대적으로 보안성이 취약하다는 단점이 있습니다.

네이티브 기술이라면 먼저 타겟 플랫폼을 지정한 후, 애플사의 Xcode나 구글의 안드로이드 스튜디오 등 해당 플랫폼 전용 개발툴을 사용합니다. 플랫폼 본연의 네이티브(Native) 기능과 성능 모두 마음껏 사용하기 때문에 수준 높고 성능 좋은 앱을 개발할 수 있다는 점이 가장 큰 장점입니다. 또한 스크립트나 가상 머신 영역이 없으므로 상대적으로 해커들로부터 안전합니다. 하지만, 동일한 기능을 가진 앱을 플랫폼 별로 따로 만들어야 하므로, 각 플랫폼 별로 코드를 따로 유지해야 하고 개발자들도 플랫폼 별로 나눠져야 합니다. 그 결과, 프로젝트 관리 부담과 개발 비용이 현격히 크고 시간이 갈수록 그 부담이 커진다는 단점이 있습니다.

파이어몽키는 웹 기술이 가진 멀티-플랫폼이라는 장점과 네이티브 기술이 가진 순수 네이티브의 장점을 모두 취하고, 여기에 수 백가지 컴포넌트를 통해 빠르게 개발할 수 있다는 델파이 본연의 장점을 더하여 2011년 처음 선보였습니다. 이것을 가능하게 하는 LLVM 컴파일러와 컴포넌트에 대해서는 1 장에 간략히 설명되어있습니다.

요즘에는 파이어몽키 이외에도 다양한 멀티-플랫폼 솔루션들이 국내외에서 나오고 있습니다. 하지만, 대부분이 제한된 업무 요구사항을 서버에서 처리하고 모바일 디바이스는 조회 등 소극적 역할을 하는 솔루션들입니다. 이 솔루션들 역시 빠른 생산성을 강조하지만, 광범위한 컴포넌트를 가지고 있지 못합니다. 그리고 솔루션에 완전히 의존해야 하기 때문에 모바일 플랫폼 버전이 올라가는 등 외부 환경 변화가 발생하여도, 솔루션 공급사에서 대처해줄 때까지 기다리는 수 밖에 없다는 어려움이 있습니다. 또한 역사가 깊고 큰 회사의 검증된 솔루션을 찾기가 어렵고, 초기 솔루션 도입 이후 업무 범위와 사용자가 증가함에 따라 서버 추가(또는 라이선스 추가) 비용이 발생할 수 있다는 점에 대한 고려가 필요합니다.

2. 파이어몽키와 멀티-플랫폼 개발 환경

파이어몽키 덕분에 델파이 프로그래머는 각 플랫폼의 SDK를 직접 알지 않아도 실제로는 플랫폼 SDK를 이용하여 네이티브 앱을 만들게 됩니다. 그 이유는 파이어몽키가 내부적으로 각 네이티브 SDK를 감싸고(Wrapping), 컴파일 할 때에는 선택한 플랫폼의 SDK를 사용하도록 되어있기 때문입니다. 필요하다면, 파이어몽키에서 사용하는 플랫폼 SDK도 바꿀 수 있습니다. 그리고, 원한다면 각 플랫폼 SDK를 파이어몽키 범위를 넘어서 얼마든지 깊이 있게 직접 사용할 수 있습니다.

이렇게 만들어진 앱은 당연히 완전한 네이티브 앱이므로 성능, 기능, 보안성 수준이 매우 높습니다. 또한 호환성도 높습니다. 예를 들어 델파이로 빌드한 iOS 앱을 애플사의 도구인 인스트루먼트(Instruments)로 프로파일링 할 수 있습니다.

델파이로 개발하면 크게 다음의 세가지 수준의 기술을 모두 사용할 수 있습니다. 첫째 플랫폼 고유의 API들, 둘째 이 API 들을 감싸서 플랫폼 독립적으로 추상화 해놓은 파이어몽키 라이브 러리들, 셋째 이 공통 라이브러리들을 기반으로 하여 만들어진 수백가지의 컴포넌트들 입니다. 파이어몽키 컴포넌트들은 플랫폼 독립적입니다. 또한 델파이 개발환경의 툴 팔레트에서 드래그 드롭 방식으로 사용되므로 개발 생산성도 가장 높습니다. 컴포넌트들이 워낙 많고 잘 되어 있으 므로 일반적으로 첫번째와 두번째 수준의 기술을 사용할 일이 거의 없을 것입니다.

혹시 컴포넌트에서 미처 제공되지 않는 기능이 있다면, 클래스나 함수로 되어 있는 공통 라이브 러리를 사용합니다. 이 공통 라이브러리들 역시 플랫폼 독립적입니다. 특정 플랫폼에서만 제공하 는 특별한 기능을 구현할 필요가 있을 때에는 가장 낮은 수준인 플랫폼 API들은 요긴합니다. 하지만, 이 API 수준은 플랫폼에 종속적이며, 개발 생산성이 가장 낮습니다.

3. 파이어몽키 컴포넌트

파이어몽키에는 버튼, 리스트, 입력창, 이미지 등 다양한 UI 컴포넌트가 들어있습니다. 이것들은 시각적으로 뛰어나고, 매력적인 애플리케이션을 만들 수 있도록 해줍니다. 이 컴포넌트들은 플랫 폼 독립적인 공통 라이브러리를 바탕으로 만들어졌으므로 실제로 화면이 표시될 때 Direct2D, OpenGL, GDI+ 등 각 플랫폼에서 사용하는 그래픽 API가 사용됩니다. 또한 GPU를 사용하도 록 되어 있으므로 성능이 좋습니다.

파이어몽키 UI 컴포넌트(UI 컴포넌트에 한해서, '콘트롤'이라고도 부릅니다)에는 스타일 아키텍 처가 적용되어 있습니다. 코드에서 UI가 분리되고, 어느 스타일이 적용되는 지에 따라 UI가 유 연하게 변하게 되는 아키텍처입니다. 다시 말해서 소스 코드 차원에서 화면 표현에 대한 정의 영 역을 별도로 분리하여 두는데 이것이 '스타일'입니다.

따라서, 추상화된 공통 UI 하나만으로 모든 플랫폼에 동일하게 적용하는 여타 멀티-플랫폼 솔루션들과는 다르게 파이어몽키에 이미 플랫폼과 디바이스 별로 알맞은 스타일들이 들어있습니다. 예를 들어 캘린더 컴포넌트를 올려두고 실행하면 아이폰인 경우와 갤럭시탭인 경우 각 디바이스에 맞는 날짜 선택 화면이 표시됩니다. 또한 원하는 스타일이 있으면 디자이너나 개발자가 얼마든지 직접 추가하거나 확장할 수도 있습니다.

이와 같이 스타일들을 플랫폼 독립적인 공통 라이브러리에 기반한 단일 코드 베이스와 연결하는 방식이므로 각 플랫폼에 충실한 매우 수준 높은 UI가 구현됩니다. 또한 런타임, 즉 앱이 실행되는 중에도 다른 스타일을 연결할 수 있고, 이에 따라 해당 룩앤필(Look & Feel)이 바로 적용됩니다.

UI 컴포넌트뿐만 아니라 사용자 화면에는 보이지 않지만, 데이터베이스 연결, REST 클라이언트, 애니메이션 효과, 스타일, 제스처 등 기능들도 컴포넌트로 제공됩니다. UI 컴포넌트이든 기능 컴포넌트이든 관계없이 모든 컴포넌트 각각에는 필요한 속성과 동작이 이미 구현되어 있습니다. 또한 원한다면 얼마든지 컴포넌트를 확장하거나 재정의 할 수 있습니다.

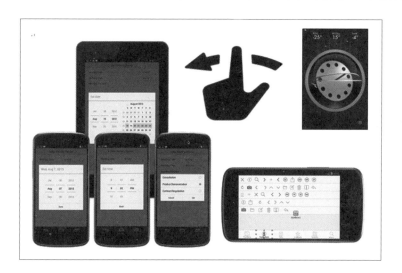

파이어몽키 컴포넌트들의 대표적인 요소와 기능은 아래와 같습니다.

- 메시지 박스, 메뉴, 타이머, 캘린더 등 각 플랫폼(OS) 기능을 추상화
- 2D와 3D용 그래픽
- 수려한 화면과 높은 성능을 가진 GUI 화면 구성 요소
- WYSIWYG(What You See Is What You get) 방식으로 화면을 보면서 구현하는 폼 디자이너와 속성 에디터
- 일관성 있는 그래픽 스타일 적용을 위한 스타일 테마와 사용자 정의 스타일
- 생동감 있는 애니메이션(Animation)과 랜더링 효과(Effect) 등 GPU를 활용한 그래픽 처리. (CPU는 최소한으로 사용하고 프레임 속도는 자동 보정하므로 정확하게 계산되고 사용하기에 용이)

- 쓸어넘기기, 터치, 두 손으로 확대, 손가락으로 탭하여 잡아두기, 더블 탭 등의 제스처
- 사진찍기, 사진앨범 접근, 컨텐츠 공유 등의 미디어 라이브러리 액션
- 위치, 모션, 방향 등의 다양한 센서와 하드웨어 제어를 위한 기능
- 텍스트(Text), 브러쉬(Brush), 펜(Pen), 도형(Shape) 등의 확장성 높은 원시 도형 세트 포함
- 읽기, 쓰기를 지원하는 JPEG, PNG, TIFF 및 GIF 포맷지원
- 빠른 실시간 안티-알리아스 그래픽, 알파 블랜딩 제공
- 원격(Remote) 웹서비스와 클라우드 서비스 사용
- 엔터프라이즈 또는 임베디드 데이터베이스 활용
- 다국어 엔진, 에디터와 예제

 Tip

알리아스 그래픽과 안티-알리아스 그래픽

– **알리아스** : 웹 폰트나 직선으로 구성된 도형에 적합합니다.
– **안티알리아스** : 그래픽 이미지의 울퉁불퉁한 가장자리를 매끈하기 만들기 위해 사용되는 기술로 디자인 폰트나 곡선으로 구성된 도형에 적합합니다.

알파블렌딩

– 알파 값을 섞는 연산으로 투명, 반투명 효과를 줄 수 있습니다.

4. 파이어몽키 오브젝트의 계층 구조

델파이가 20년 이상 일관성을 유지하며 확장될 수 있었던 것은 오브젝트 구조가 매우 잘 정리되어 있기 때문입니다. 참고로 이렇게 잘 정리된 델파이의 오브젝트 구조를 깊이 들여다 보는 것은 객체 지향 프로그래밍(OOP)을 잘 배우는데 큰 도움이 될 것입니다. 델파이 상업용 버전에는 델파이 자체에 대한 소스 코드 전체가 포함되어 있으므로 얼마든지 파악할 수 있을 것입니다. 모든 파이어몽키 컴포넌트는 델파이 컴포넌트입니다. 따라서 오브젝트 계층 구조 역시 델파이 계층 구조에 포함됩니다. 지금부터 파이어몽키의 계층 구조와 파이어몽키 오브젝트를 UI 오브젝트를 중심으로 살펴보겠습니다. 아래 그림은 파이어몽키의 주요 UI 오브젝트 그룹에 대한 계층 구조도입니다.

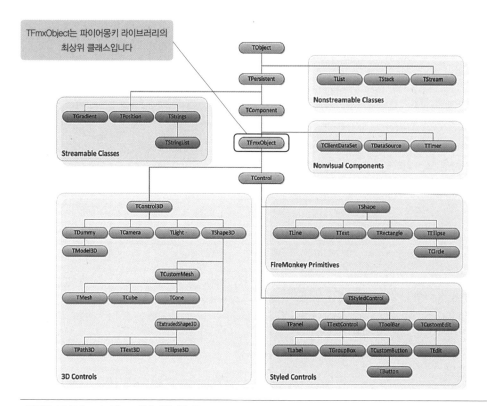

파이어몽키의 주요 UI 오브젝트 그룹에 대한 계층 구조도

TFmxObject는 파이어몽키 라이브러리의 최상위 클래스입니다. 이 TFmxObject를 상속받은 클래스 중 UI 콘트롤의 최상위에는 TControl과 TControl3D가 있습니다. 이 두 개의 클래스는 모두 Icontrol 인터페이스를 구현하고 있습니다. IControl 인터페이스에는 UI 콘트롤의 기본 기능인 사용자의 인풋(input) 포커스, 마우스, 키보드 조작 반응과 관련된 메소드와 이벤트 구현이 정의되어 있습니다.

 Tip

델파이에서 오랫동안 지켜온 이름 규칙

– 클래스 이름은 'T'로 시작됩니다. (예, TfmxObject)
– 인터페이스 이름은 'I'로 시작됩니다. (예, IControl)

> TFmxObject는 파이어몽키 라이브러리의 최상위 클래스이지만, 그 위에 기반 클래스가 있습니다.
> TFmxObject 클래스는 델파이 RTL의 TComponent 클래스를 상속 받는 델파이 클래스입니다. TComponent
> 는 TPersistent를 계승하고 이것은 델파이의 최상위 클래스인 TObject를 계승합니다.
> 따라서 모든 델파이 컴포넌트가 가지는 동일한 스트리밍(Streaming) 매커니즘과 오너쉽(Ownership)이 적용
> 됩니다. (위 계층 구조도 참조)

UI 콘트롤의 컨테이너 : 폼(Forms), 씬(Scenes), 뷰포트(Viewports)

TControl과 TControl3D에서부터 파생되는 모든 UI 콘트롤들은 자신들의 바탕이 될 루트 컨테이너가 필요한데 이것을 Form(폼)이라고 부릅니다. 2D 화면의 바탕인 TForm과 3D의 바탕인 TForm3D는 TControl이나 TControl3D의 자손이 아닙니다. 즉 파이어몽키의 폼은 사용자와 반응하는 직접적인 UI 콘트롤이 아니라 컨테이너입니다.

폼은 TFmxObject를 상속받는 TCommonCustomForm 클래스를 확장하며, 루트 컨테이너 구현을 위한 3개의 인터페이스 중 필요한 것을 구현합니다.

- IRoot : 최상위 컨테이너에서 구현되며 포커스가 놓인 콘트롤과 액티브된 콘트롤을 다룹니다. 모든 폼, TForm, TForm3D에서 구현됩니다.
- IScene : 2D 오브젝트를 위한 컨테이너를 정의하는 인터페이스입니다. 이것은 TForm 에서 구현됩니다. 또한 2D 요소를 사용할 수 있도록 하는 3D 콘트롤인 TCustomLayer3D에서도 구현됩니다.
- IViewport3D : 3D 오브젝트의 컨테이너를 정의하는 인터페이스입니다. (앞의 것과 대칭이 되는 것으로써) TForm3D에서 구현됩니다. 또한 3D 요소를 호스팅할 수 있는 2D 콘트롤인 Viewport3D에서도 구현됩니다.

파이어몽키에서 폼은 호스팅하는 운영체제(OS)와 파이어몽키 라이브러리를 연결하는 매개체일 뿐입니다. 그리고 멀티-플랫폼 속성을 고려하면 호스트 자체가 언제든 달라질 수 있어야 합니다. 따라서 폼 바로 밑에는 UI 콘트롤인 레이아웃(Layout)만을 두고 이 레이아웃 아래에 UI 콘트롤들을 두고 작업을 하면 좋습니다. 이 경우, 다른 폼이나 탭 등 다른 호스트로 화면을 옮길 때 레이아웃만 이동하면 그 아래의 모든 콘트롤들이 모두 함께 이동합니다. 이외에도 확대/축소 등 여러 표준 행위와 속성을 사용할 수 있다는 장점이 있습니다.

TControl 클래스

'버튼', '리스트'와 같은 모든 2D 콘트롤은 TControl에서 파생됩니다. TControl 자체는 추상 클래스이므로 직접 인스턴스를 만들 수 없습니다. 하지만, TControl에서 정의된 아래의 속성들은 모든 파이어몽키 2D 컨트롤이 공통적으로 가지는 특성이므로 잘 알아둘 필요가 있습니다.

- **콘트롤들을 관리하기 위한 부모/자식 매커니즘**

  파이어몽키에서 모든 컴포넌트는 다른 컴포넌트의 부모-자식이 될 수 있습니다. 따라서, TFmxObject에는 Parent, ChildrenCount, Children 같은 속성을 제공하여 부모-자식을 다룰 수 있도록 합니다. TControl은 TFmxObject를 계승하였으므로 이 속성들 역시 가지고 있습니다.

- **크기와 위치 속성**

  Position(위치), Width(너비), Height(높이) 뿐만 아니라 정렬, 마진, 패딩 등 기타 실제 위치에 영향을 주는 속성들이 제공됩니다. 모든 자식 콘트롤은 자신의 부모가 가지는 영역의 바깥쪽까지도 위치할 수 있습니다. 하지만 그 좌표의 기준은 항상 부모 콘트롤입니다.

- **시각적인 모양 관련 속성 (자식 콘트롤들에도 전달됩니다)**

  RotationAngle(회전 각도), RotationCenter(회전 중심점), Scale(확대 비율), Opacity(투명도)와 같은 속성들입니다. 만약 어느 콘트롤에서 RotationAngle이나 Opacity를 설정하면 그 자식 콘트롤에도 그대로 적용됩니다.

- **사용자의 마우스, 키보드 조작 등과 관련된 이벤트와 메소드**

  HitTest(마우스 클릭 허용), Focused(포커스 활성화), OnKeyDown(키보드 누름 동작) 등이 제공됩니다. 사용자가 마우스를 클릭하면 콘트롤 중 지정된 하나에서 반응하며, 해당 콘트롤이 포커스를 가집니다.

- **애니메이션 발동**

  애니메이션은 일반적으로 이벤트에 연결됩니다. 뒤에서 자세히 설명됩니다.

- **직접 그리기 지원**

  내부에 Canvas를 가지고 있으므로 콘트롤 위에 직접 그리기를 할 수 있습니다.

위 계층도를 보면 TControl 클래스 아래로는 크게 두 개로 갈라집니다. 즉 TStyledControl('버튼', '레이블'과 같이 스타일이 적용되는 콘트롤)과 TShape(선, 원, 사각형 등)처럼 그렇지 않은 나머지 콘트롤입니다.

 Tip

그림처럼 3D를 다룰 수 있게 되면, 같은 내용도 훨씬 다양하게 표현할 수 있습니다.
3D도 손쉽게 만들 수 있으며, '2편(DB, 클라우드,3D)'에서 자세히 다룹니다.

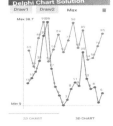

2D 차트로 표현한 예

3D 차트로 표현한 예

TControl 클래스에서 파생되는 UI 콘트롤의 특성을 직접 확인해보겠습니다.

01 File > New > Multi-Device Application - Delphi (XE6 이하 버전은 FireMonkey Mobile
Application - Delphi) > Blank Application을 클릭하여 빈 모바일 어플리케이션 만들기를
시작합니다.

02 툴 팔레트에서 TLayout을 더블 클릭하여 폼에 올리고 오브젝트 인스펙터에서 Align을
Client로 지정합니다. 폼의 모든 공간을 Layout1이 차지합니다. 폼 위에 Layout을 두고 작
업하는 것은 좋은 습관입니다. 스트럭처 뷰에는 Layout1이 Form의 자식이라고 표시됩니다.

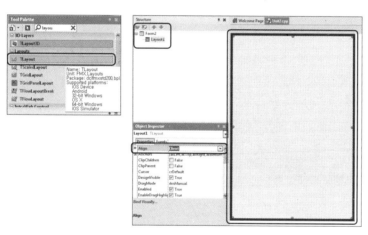

03 툴 팔레트에서 TButton을 더블 클릭하여 Layout1에 추가합니다. 스트럭처 뷰에는 Button1
이 Layout1의 자식이라고 표시됩니다.

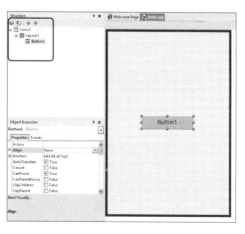

04 툴 팔레트에서 TLabel을 더블 클릭하여 Layout1에 추가합니다. 스트럭처 뷰에는 Label1도 Button1처럼 Layout1의 자식이라고 표시됩니다

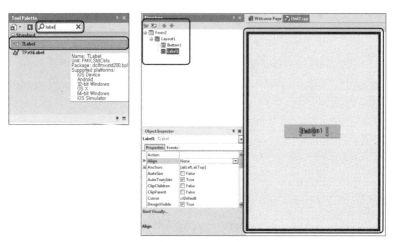

05 파이어몽키의 모든 콘트롤은 다른 콘트롤의 부모-자식이 될 수 있습니다. 스트럭처 뷰에서 Label1 노드를 드래그하여 Form 노드 위에 놓습니다. 그러면 Label1은 더 이상 Layout1의 자식이 아니라 Form의 자식이 됩니다. 이번에는 Label1 노드를 다시 드래그하여 Button1 노드 위에 놓습니다. 이제는 Button1의 자식이 된 것을 알 수 있습니다.

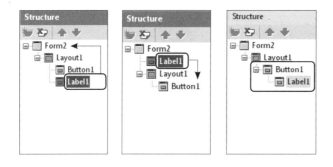

06 앞에서 설명한 TControl의 위치 속성에 의해 Label1은 Button1의 자식이지만 부모인 Button1의 바깥에 위치할 수 있습니다. Label1을 마우스로 드래그 드롭하여 Button1의 바깥으로 가지고 나와 봅니다. 이번에는 Button1을 선택하여 위로 옮겨 봅니다. Label1도 따라 이동하는 것을 알 수 있습니다. 자식의 위치는 부모 위치를 기준으로 하기 때문입니다.

07 TControl의 속성 상 부모 콘트롤의 시각적인 모양 관련 속성이 자식 콘트롤에도 전달된다고 앞에서 설명하였습니다. 부모인 Button1의 RotationAngle의 값을 변경해봅니다. 그 자식인 Label1도 함께 회전합니다. 그리고 Button1의 Opacity를 50%로 주어 반투명하게 바꾸어 봅니다. Label1도 역시 반투명이 되는 것을 볼 수 있습니다.

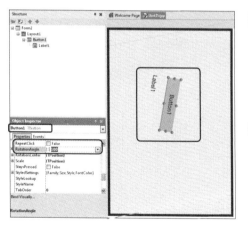
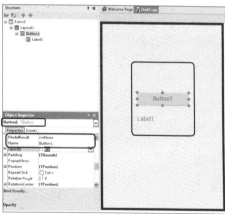

실습

실습 만들어 봅시다! : 사원정보 프로토타입 앱

이제 가장 일반적인 유형의 업무용 모바일 앱에 대한 프로토타입을 함께 만들어 보겠습니다. 컴포넌트 사용, 데이터 프로그래밍 등을 아직 익히지 않았습니다. 하지만 실제 데이터 대신 델파이에서 제공하는 프로토타입 데이터를 이용하고, 코드를 직접 작성하는 대신 모바일 앱 템플릿을 이용하면 쉽고 빠르게 앱을 만들 수 있습니다.

지금 만들 앱은 아래 그림과 같이 사원 목록을 보고 사원 상세 정보를 조회하는 앱입니다. 이것은 모바일 환경에서 흔하게 접하는 전형적인 마스터-디테일 모바일 앱입니다.

박스로 표시한 부분이 우리가 이번 실습에서 '직접' 수정하거나 추가할 부분입니다.

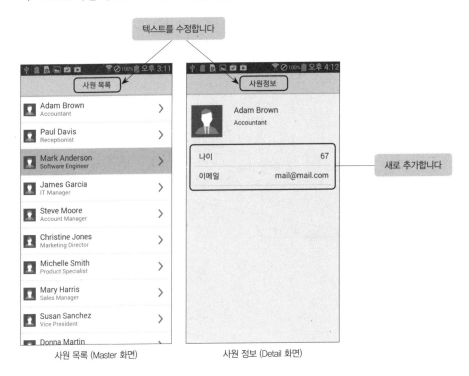

사원 목록 (Master 화면)   사원 정보 (Detail 화면)

이번 실습을 통해 아래와 같은 기술을 경험할 수 있습니다.

- **프로토타입 앱을 신속하게 만들기** : 프로토타입 데이터 소스, 모바일 앱 템플릿
- **UI 콘트롤** : TListBox, TListBoxItem, TLabel, TabControl, TListView 등
- **라이브 바인딩** : 콘트롤과 데이터 요소를 마우스 드래그로 바인딩하여 화면에 표시

||||||| **따 라 하 기** |||||||||||||||||||||||||||||||||||||||||||||||||||||||||||||||||||||||

지금은 자세한 설명은 생략하고 실습만 해봅니다. 각 기술은 뒤에서 다시 상세히 다룰 것입니다.

01 Github에 올려 둔 소스를 델파이에서 가져와서 진행하겠습니다. 먼저 메인 메뉴에서 File 〉 Open From Version Control을 클릭합니다. 버전 컨트롤 선택을 Subversion으로 합니다. SVN의 경로에 https://github.com/hjfactory/fmxbook-masterdetail 를 입력하고, 저장할 경로에는 컴퓨터의 원하는 폴더를 지정합니다. 이후 OK를 계속 클릭하면 소스 코드가 다운로드 됩니다.

[참고! XE6 이하 버전이라면]
메인 메뉴에서 File 〉 New 〉 FireMonkey Mobile Application - Delphi를 선택합니다. 아래와 같은 마법사 화면이 나타나면, Phone Master-Detail을 선택하고 OK를 클릭합니다. 이어서 프로젝트 소스 파일 저장 경로를 묻는 화면이 표시되면 경로를 선택하고 계속 진행합니다.

02 다운로드한 (또는 만들어진) 프로젝트를 열고 계속 진행합니다.

03 개발 환경 중앙의 폼 디자이너 화면에 안드로이드 폼이 표시됩니다. 이때 폼에는 이미 사진과 이름이 있는 사원목록이 보입니다. (프로토타입 데이터를 사용한 마스터-디테일 앱이 이미 만들어진 것입니다)

04 이제 이것을 변형시켜 보겠습니다. 먼저 프로젝트 이름부터 바꿉니다. 메인 메뉴에서 File > Save Project as…를 클릭합니다. Project(프로젝트)명을 'Project_Prototype'으로 지정하고 저장합니다.

Tip

개발 환경에서 목록(마스터 화면)과 상세보기(디테일 화면)은 어떻게 이동하나요?

폼 화면의 하단을 보면 아래 그림과 같이 2개의 점이 있습니다. 맨 앞의 점을 클릭하면 첫 번째 화면으로, 두 번째 점을 클릭하면 두 번째 화면으로 이동합니다.

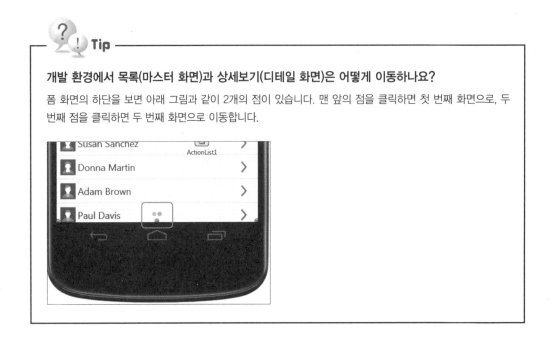

---

05 안드로이드 폰 화면의 상단에 표시된 'Master Tab' 이라는 글자를 '사원목록'이라고 바꾸겠습니다. 폼 디자이너에서 'Master Tab'이라는 글자를 클릭합니다. 오브젝트 인스펙터에서 Text 속성의 값을 'MasterLabel' 에서 '사원목록'으로 변경합니다.

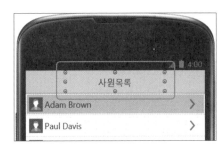
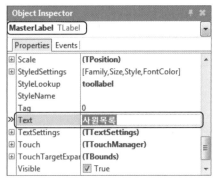

06 (위 'Tip'의 설명을 참조하여) 두 번째 화면으로 이동합니다. 역시 상단의 'Detail Tab'이라는 글자를 선택한 후, 오브젝트 인스펙터에서 Text 속성을 '사원정보'로 변경합니다.

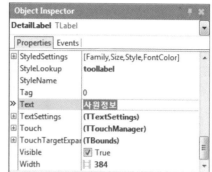

07 상세 화면에는 'Adam Brown' 이라는 이름과 'Accountant'라는 직책만 표시되고 있습니다. 그 바로 아래에 '나이'와 '이메일' 정보가 표시되도록 하겠습니다.

08 먼저 새 정보를 표시할 리스트박스를 추가하고 위치와 크기를 맞추겠습니다. 툴 팔레트에서 TListBox를 찾아서 더블 클릭하면 화면에 리스트박스가 추가됩니다. 이 리스트 박스를 마우스로 선택하면 위치와 크기를 조정할 수 있습니다. 아래 그림과 동일하도록 폼 디자이너의 ListBox1 너비와 오브젝트 인스펙터의 Anchors 속성을 지정합니다.

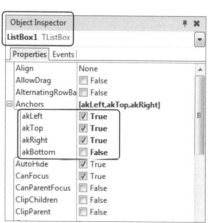

09 이 리스트 박스에 '나이' 항목을 추가하겠습니다. 폼 디자이너에서 리스트박스를 선택하고 마우스 오른쪽을 클릭하여 Add Item 〉 TListBoxItem을 선택합니다. 항목이 하나 추가됩니다. 이 상태에서 오브젝트 인스펙터로 가서 Text 속성을 '나이'로 변경합니다.

10 나이 데이터가 표시될 TLabel을 '나이' 항목 안에 넣겠습니다. '나이' 항목이 선택된 상태에서 툴 팔레트로 가서 TLabel을 찾아서 더블 클릭하면 항목 안에 Label1이 추가됩니다. 스트럭처 뷰를 보면 ListBoxItem1 의 자식으로 Label1이 보입니다.

11 이 Lable1 의 오브젝트 인스펙터에서 속성을 다음과 같이 지정합니다.

- **Name** : lblAge
- **Align** : Right (아이템 항목의 우측에 딱 붙습니다)
- **Margin 〉 Right** : 5 (우측에 여백을 둡니다)
- **TextSettings 〉 HorzAlign** : Trailing (표시되는 텍스트를 오른쪽으로 정렬합니다)

12 위 9~11과 동일한 방식으로 이메일 항목을 추가합니다. 나이 항목과 다르게 설정해야 하는 속성은 아래와 같습니다.

- 추가되는 ListBoxItem의 **Text** : 이메일
- 추가되는 Label의 **Name** : lblEmail
- 추가되는 Label의 **Width** : 250 (이메일은 글자수가 많기 때문입니다)

13 이번에는 리스트박스(ListBox1)를 선택하고, 배경이 투명하게 표시되도록 StyleLookup 속성을 transparentlistboxstyle으로 변경합니다.

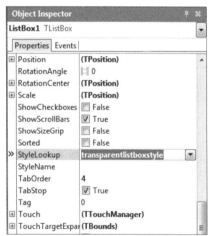

14 추가하고 싶은 데이터를 표시할 화면 요소가 완료되었습니다. 이제는 이 화면 요소에 연결할 데이터를 만들겠습니다.

다음 그림과 같이 폼디자이너 상단에 아래 그림처럼 세 개의 아이콘이 있습니다. 아이콘 중 PrototypeBindSource1을 더블 클릭합니다. Editing PrototypeBindSource1 화면이 표시되면 'ContactAge'와 'ContactEmail' 데이터 필드를 프로토타입 데이터에 새로 만들어 넣습니다. (OK를 클릭하기 전에 데이터 타입이 그림과 같은 지를 꼭 확인합니다)

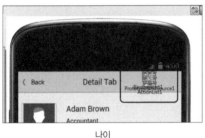

나이

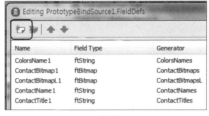

이메일

15 스트럭처 뷰에서 PrototypleBindSource1의 자식으로 5-ContactAge, 6-ContactEmail 데이터 필드가 추가된 것이 보입니다. 여기에서 6-ContactEmail을 클릭한 후 오브젝트 인스펙터로 가서 CustomFormat 속성에 'mail@mail.com'이라고 지정합니다. (참고: 델파이는 문자열을 작은 따옴표로 둘러쌉니다. 따라서 모든 이메일에 글자 그대로 mail@mail.com이라고 표시될 것입니다. (Part 3에서는 실제 데이터를 연결합니다)

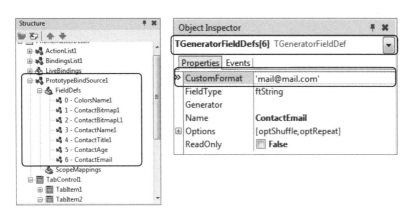

16 데이터 준비도 끝났습니다. 이제 이것을 화면의 콘트롤에 표시하기 위해 라이브바인딩을 사용하겠습니다. 메인메뉴에서 View > LiveBindings Designer를 클릭합니다. LiveBindings Designer에는 데이터 요소와 UI 콘트롤이 표시됩니다. 데이터 요소를 클릭한 채로 마우스를 이동하면 선이 생깁니다. 이 선을 UI 콘트롤 요소까지 끌고 간 후 마우스를 놓으면 두 요소는 서로 묶이게 됩니다.

먼저 연결하기 쉽도록 lblAge와 lblEmail을 찾아서 PrototypeBindSource1 근처로 옮겨 두고 나서 ContactAge 데이터 필드는 lblAge의 Text와 연결하고 ContactEmail 데이터 필드는 lblEmail의 Text와 연결합니다.

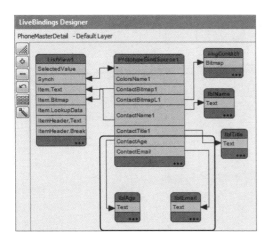

17 라이브 바인딩으로 연결되면 콘트롤에 데이터가 표시되는 것을 폼 디자이너에서 확인할 수 있습니다.

18 이제 완료되었습니다. 프로젝트 매니저에서 타겟 플랫폼을 선택하고, 메인 메뉴의 Run > Run(또는 F9)를 통해 실행합니다. (타겟 플랫폼 선택은 2장에 설명되어 있습니다)

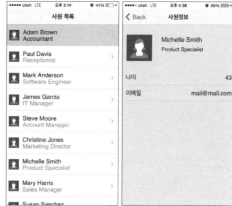

안드로이드폰 결과 화면   아이폰 결과 화면

파이어몽키로 프로토타입 앱을 얼마나 빠르게 만들 수 있는지 경험해 보았습니다. 지금 만든 프로토타입은 단순히 화면과 흐름을 그리는 목업(mock up)이 아니라 실제로 작동되는 네이티브 앱입니다.

데이터를 다루는 후속편에서는 지금 만들어진 결과물을 가지고 실습을 시작합니다. 그때는 이 앱에 실제 데이터를 연결하고 기능을 확장할 것입니다.

PART 02

모바일 앱 개발하기

버튼, 리스트 등 주요 UI 콘트롤의 사용법을 익힙니다.
멀티-플랫폼 모바일의 다양한 크기와 비율에 맞는 화면을 개발합니다.
카메라, 전화걸기 등 센서와 서비스로 스마트 폰을 제어합니다.
애니메이션 효과를 덧붙여 봅니다.
웹서비스를 이용한 음반정보앱을 만들어 봅니다.

M o b i l e   A p p

4장

다양한 UI 콘트롤 살펴보기

버튼, 레이블, 날짜선택, 리스트, 툴바 등 델파이에는 매우 다양한 UI 콘트롤들이 들어있습니다. 주요 모바일 UI 콘트롤을 가장 쉽고 빠르게 파악할 수 있는 방법은 샘플을 활용하는 것입니다. 이 장에서는 델파이 샘플 폴더를 안내하고 이어서 모바일 UI 콘트롤 샘플을 사용해 봅니다.

1. 샘플 활용하기

샘플 폴더와 이 책의 목적은 같습니다. 즉 델파이을 빠르게 활용할 수 있도록 돕는 것입니다. 샘플 폴더에는 많은 샘플이 잘 정리되어 있습니다. 샘플은 개발툴에서 바로 열어서 사용할 수 있고 필요한 코드를 가져다 쓰기에도 좋게 되어있습니다.

샘플은 Samples 폴더에 들어 있습니다. Samples 폴더는 언어별로 구분되어 있습니다. 델파이 샘플은 Object Pascal 폴더에 있습니다.

이 샘플 폴더를 여는 방법은 2가지가 있습니다(버전에 따라 조금씩 다를 수도 있습니다).

– 시작 〉 모든 프로그램 〉 Embarcadero RAD Studio 폴더 안에서 Samples 폴더를 클릭
– 윈도우 탐색기에서 C:₩Users₩Public₩Documents₩Embarcadero₩Studio₩[버전]₩Samples 열기

델파이 언어는 오브젝트 파스칼입니다

델파이는 오브젝트 파스칼 언어 표준을 사용합니다. 그리고 객체지향과 절차적 프로그래밍을 모두 할 수 있습니다 (이 두 개의 차이점이 궁금하다면 구글 검색을 하면 쉽게 찾을 수 있습니다).
이 책은 델파이 언어를 공부하기 전이라도 따라갈 수 있도록 구성하였습니다.

Object Pascal 폴더는 내용에 따라 다시 구분됩니다.

– Database: 데이터베이스 앱, 클라우드 API, REST 데모 등
– DataSnap: 미들웨어 서버 개발 샘플
– FireMonkey Desktop: 파이어몽키 PC 앱 개발
– LiveBindings: 라이브 바인딩
– Mobile Samples: 모바일 UI, 클라우드, 센서, 구글글래스 등
– Mobile Snippets: 전화걸기, 스크롤, 사진찍기 등의 코드들
– RTL: 앱테더링, 정규식 등의 샘플
– VCL: 윈도우 개발을 위한 VCL 샘플들

각 폴더를 탐색하면 상당히 많은 샘플이 이미 구현되어 있다는 것을 알 수 있을 것입니다. 모바일 UI 콘트롤이 들어있는 Mobile Samples 폴더뿐만 아니라 Mobile Snippets 폴더에도 전화 걸기, 데이터베이스 활용, 웹 브라우저 추가, 위치 센서 사용, 동영상 재생기 만들기 등 모바일 개발과 관련된 많은 샘플이 있습니다.
샘플 중에서 원하는 폴더를 열어서 .dpr 로 끝나는 델파이 프로젝트 소스 파일을 더블 클릭하면 개발툴이 실행되면서 해당 프로젝트가 열립니다.
프로젝트 파일이 열리면 Run 〉 Run 또는 F9키를 사용하여 실행해 보십시요. 컴파일이 되고 앱이 실행되면 동작을 확인할 수 있습니다. 개발툴에서 폼 디자이너와 소스 코드를 살펴보고 동작과 화면을 어떻게 구현하였는 파악해봅니다. 그리고 개발툴 좌측 상단의 스트럭처 뷰에는 프로

그램의 전체 구조를 빠르게 파악할 수 있도록 트리 형태로 구조가 표시됩니다.
샘플과 도움말을 잘 활용하면, 델파이를 보다 쉽게 익힐 수 있습니다.

2. 모바일 UI콘트롤 샘플 살펴보기

샘플 폴더 중에서 모바일 UI 콘트롤 샘플을 엽니다.

01 Samples₩Object Pascal₩Mobile Samples₩User Interface₩Controls 순서로 따라
들어갑니다.

02 MobileControls.dpr 파일을 더블 클릭합니다.

03 개발툴이 열리면서 모바일 UI 콘트롤 샘플 프로젝트가 열립니다.

본격적으로 모바일 UI 콘트롤 샘플 프로젝트를 살펴봅니다.

01 왼쪽에 있는 스트럭처 뷰의 트리를 접거나 펼쳐서 이 프로젝트의 구조를 먼저 파악해 봅니다.

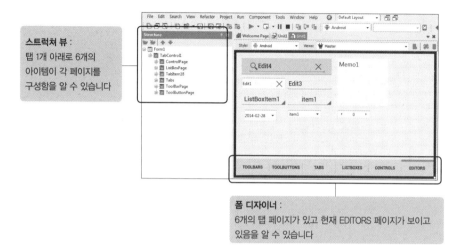

스트럭처 뷰 :
탭 1개 아래로 6개의
아이템이 각 페이지를
구성함을 알 수 있습니다

폼 디자이너 :
6개의 탭 페이지가 있고 현재 EDITORS 페이지가 보이고
있음을 알 수 있습니다

02 폼 디자이너에서 CONTROLS 탭을 선택하고 스트럭처뷰에서 ControlPage 노드를 확장합니다. (ControlPage는 CONTROLS 탭의 오브젝트 명입니다)

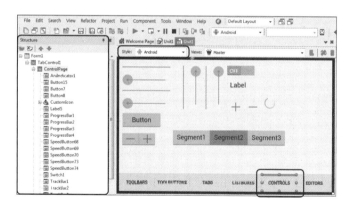

스트럭처 뷰	ControlPage 노드 아래로 AniIndicator1, Button5, TrackBar1 등 CONTROLS 탭 안에 있는 콘트롤들이 모두 표시됩니다
폼 디자이너	이 콘트롤들의 모습과 배치가 표시됩니다. (폼 디자이너 화면의 스타일이 Android이므로 콘트롤들의 모습이 안드로이드 스타일로 표시됩니다.)

03 폼 디자이너에서 스위치 버튼을 선택합니다.

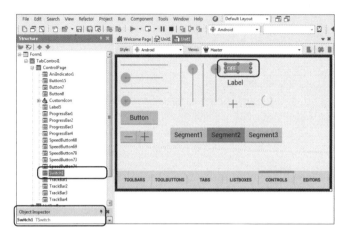

스트럭처 뷰	Switch1이 선택됩니다. TabControl 아래의 ControlPage 안에 Switch1이 있다는 계층 관계를 알 수 있습니다.
오브젝트 인스펙터	이 스위치 버튼의 속성이 표시됩니다. 이름이 Switch1이고, TSwitch 클래스임을 알 수 있습니다

04 폼 디자이너에서 'Button'이라고 써있는 버튼을 선택하고, 오브젝트 인스펙터에서 Text 속
성의 값을 '기본버튼'이라고 변경합니다.

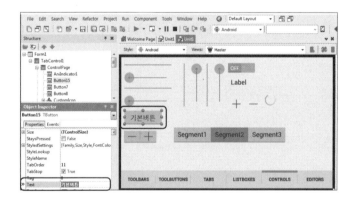

폼 디자이너	버튼의 글자가 '기본버튼' 이라고 바뀝니다.

05 폼 디자이너에서 TOOLBUTTONS 탭을 선택하여 페이지를 바꾸고, 새로고침 모양의 버튼을 선택합니다. 오브젝트 인스펙터로 가서 StyleLookup 속성 값 옆의 화살표를 클릭합니다.

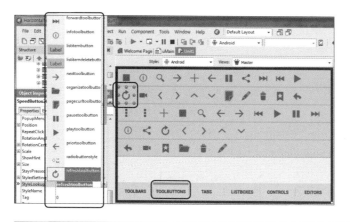

오브젝트 인스펙터	버튼의 현재 스타일이 refreshtoolbutton입니다. 폼디자이너에 보여지는 많은 버튼들의 스타일로 바꿀 수 있습니다.

06 스트럭처 뷰에서 보면 이 버튼 즉 SpeedButton20이 ToolButtonPage 아래의 ToolBar9 안에 있음을 알 수 있습니다. SpeedButton20을 마우스로 드래그하여 TabItem18 안으로 옮깁니다. 그리고 나서 폼 디자이너에서 EDITORS 탭을 선택합니다.

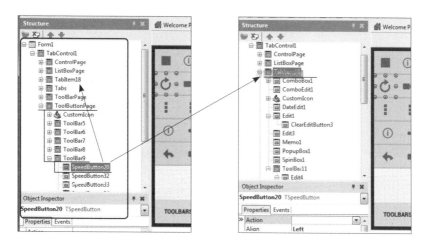

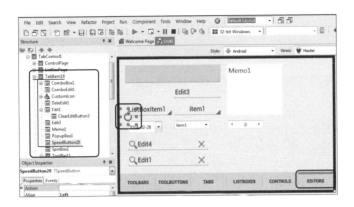

폼 디자이너	버튼이 EDITORS 탭 페이지에 이동한 것을 알 수 있습니다.
스트럭처 뷰	TabItem18 노드를 열어보면 SpeedButton20이 옮겨져 있습니다. (TabItem18은 EDITORS 탭 아이템의 이름입니다.)

 Tip

오브젝트의 이름은 명명 규칙을 가지고 알기 쉽게 지정하는 것이 좋은 프로그래밍 습관입니다

델파이는 컴포넌트가 추가될 때 컴포넌트명에 순번을 붙여서 자동으로 이름을 만듭니다. 자동으로 만들어진 이름은 이해하기가 어렵습니다. 오브젝트가 그 이름만으로도 명확히 이해할 수 있도록 하는 것은 좋은 습관입니다. 그러기 위해서는 쉽게 파악할 수 있는 단어를 사용하고, 명명 규칙(이름을 만드는 표준 규칙)을 준수해야 합니다. 소스 코드에서 사용되지 않는 컴포넌트(예: 화면 만을 위한 컴포넌트)를 제외하고는, 반드시 알기 쉬운 이름을 지정해 주어야 소스 코드를 빠르고 쉽게 이해할 수 있습니다.

07 폼 디자이너에서 SpeedButton20 버튼을 선택하고 오브젝트 인스펙터에서 Events 탭으로 이동하여 OnClick의 값 입력창을 더블 클릭합니다.

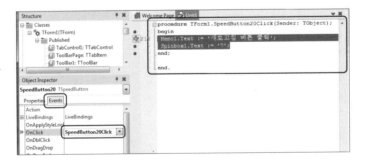

오브젝트 인스펙터	OnClick 이벤트에 SpeedButton20Click라는 이벤트 핸들러가 생깁니다.
폼 디자이너	코드 에디터로 바뀝니다.
코드 에디터	이벤트 핸들러 코드를 작성하는 곳에 커서가 위치합니다.

08 위 그림과 같이 소스 코드를 입력한 후, 프로젝트 매니저의 Target Platforms에서 32-bit Windows를 더블 클릭하여 활성화합니다. 그리고 Run > Run 또는 F9를 사용하여 실행합니다.

앱이 실행되면 이벤트 핸들러를 추가했던 그 버튼을 클릭해 보십시오.

앱 실행 화면 메모와 스핀박스의 값이 코드에 입력한 것과 같이 변경됩니다.

윈도우 미리보기는 앱을 모바일 장비에서 실행시키는 것보다 훨씬 쉽고 빠르기 때문에 개발시간을 절감시켜줍니다. 그리고 모바일 디바이스가 없어도 실행됩니다. 모바일 디바이스나 에뮬레이터가 연결되어 있다면 프로젝트 매니저에서 Target Platforms를 변경한 후 실행해 보십시오. 이와 같이 샘플을 활용하면 델파이의 기능을 빠르게 이해하고 사용할 수 있습니다.

5장

UI 컨트롤 기본 사용법

이 장에서는 델파이 UI 컨트롤을 사용하기 위해 기본적으로 알아야 하는
것들을 설명하고 실습합니다. 이 장의 내용은 모바일 뿐만 아니라 윈도우나
맥 컴퓨터를 위한 PC용 애플리케이션을 개발할 때도 기본이 됩니다.

델파이는 매우 쉽고 빠르게 개발할 수 있는 도구이므로 초보자도 실전 앱을 만들 수 있습니다.
뿐만 아니라, 전문 프로그래머들이 매우 다양한 영역에서 뛰어난 애플리케이션을 개발하는 수준
높은 도구이기도 합니다. 전문가이든 초보자이든 가장 기본적으로 사용하는 것이 UI 컨트롤입
니다. 델파이는 특히 화면 개발에 탁월한 장점을 가지고 있기 때문입니다.

3장에서 살펴 본 TControl 클래스의 특성은 모든 UI 컨트롤에 적용됩니다. 혹시 건너뛰었다면 3
장의 'TControl 클래스의 특성' 부분을 학습한 후 진행하는 것이 더 좋습니다.

1. 툴 팔레트에서 UI 컨트롤을 폼 디자이너에 추가하기

UI 컨트롤을 사용하려면 원하는 UI 컨트롤을 툴 팔레트에서 찾고 추가하는 것부터 시작합니다.
툴 팔레트에는 모든 컴포넌트들이 들어있습니다. 화면을 위한 UI 컨트롤뿐만 아니라, 데이터베
이스 연결, 클라우드 서비스 활용, 애니메이션 효과 등 UI를 가지지 않는 컴포넌트들도 툴 팔레
트에 있습니다. 물론 직접 만든 컴포넌트들도 툴 팔레트에 넣어서 사용할 수 있습니다.

툴 팔레트에 있는 수 많은 델파이 컴포넌트들 중에서 내가 원하는 것을 쉽게 찾으려면 툴 팔레트
검색 창에 이름의 일부를 입력하여 검색합니다. 이름을 전혀 모르면 기능별 카테고리를 하나씩
열어 봅니다.

툴 팔레트에서 UI 컨트롤을 찾고 폼 디자이너에 추가하는 방법입니다.

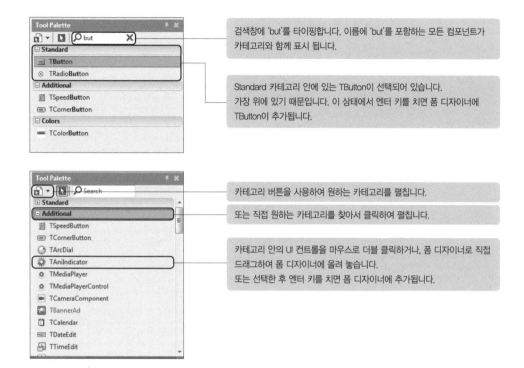

검색창에 'but'를 타이핑합니다. 이름에 'but'를 포함하는 모든 컴포넌트가 카테고리와 함께 표시 됩니다.

Standard 카테고리 안에 있는 TButton이 선택되어 있습니다. 가장 위에 있기 때문입니다. 이 상태에서 엔터 키를 치면 폼 디자이너에 TButton이 추가됩니다.

카테고리 버튼을 사용하여 원하는 카테고리를 펼칩니다.

또는 직접 원하는 카테고리를 찾아서 클릭하여 펼칩니다.

카테고리 안의 UI 컨트롤을 마우스로 더블 클릭하거나, 폼 디자이너로 직접 드래그하여 폼 디자이너에 올려 놓습니다.
또는 선택한 후 엔터 키를 치면 폼 디자이너에 추가됩니다.

 Tip

개발 환경에서 툴 팔레트가 보이지 않는다면

메인 메뉴 〉 View 〉 Tool Pallette를 선택합니다. (또는 키보드에서 Control+Alt+P를 칩니다). 메인 메뉴 〉 View 메뉴는 개발 환경에 보이는 모든 요소를 설정하는 메뉴입니다. 툴 팔레트 등 원하는 창을 표시하거나 숨길 수 있고 메인 메뉴의 툴바(바로가기 버튼들)를 설정할 수도 있습니다.

툴 팔레트의 위치를 바꾸거나 꺼내어서 크게 보려면

창의 헤더를 마우스로 선택한 후 드래그하여 위치를 바꾸거나 꺼낼 수 있습니다. 참고로 툴 팔레트가자동으로 접히고 펼쳐지게 하려면 고정핀 모양의 아이콘을 사용합니다.

툴 팔레트에 프로젝트 유형만 있고 컴포넌트가 없다면

아직 어떠한 프로젝트도 개발툴에 열려있지 않기 때문입니다. 임의의 프로젝트를 열면 툴 팔레트에는 프로젝트 유형이 아니라 컴포넌트가 표시됩니다.

툴 팔레트에서도 새로운 프로젝트를 시작할 수 있습니다.

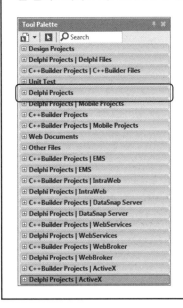

개발툴에 아직 열려있는 프로젝트가 없을 때에는 툴 팔레트에 프로젝트 유형이 표시됩니다. 툴 팔레트에서 원하는 프로젝트 유형을 찾아서 더블 클릭하면 프로젝트를 시작합니다.

왼쪽 그림은 델파이와 C++빌더로 만들 수 있는 모든 프로젝트 유형입니다. 모바일 앱은 델파이 프로젝트 카테고리 안에 들어 있습니다.

모바일 프로젝트 외에도 테스트 프로젝트, 웹서비스, 미들웨어, 엔터프라이즈 모빌리티 서비스(XE7에 추가), 유닛 테스트, 웹 문서, ActiveX 등 많은 것을 개발할 수 있습니다.

2. 폼 디자이너에서 UI 컨트롤 사용하기

폼 디자이너의 팝업 메뉴와 단축키를 잘 활용하면 개발 속도가 더 빨라집니다. 화면을 만들기 위해 폼 디자이너에서 UI 컨트롤을 배치하고 조정하는 작업은 빈번하게 발생합니다. 작은 시간 단축이라도 반복되고 쌓이게 되면 생산성에 도움을 줄 수 있습니다.

메인 메뉴나 마우스 오른쪽 클릭을 통한 컨텍스트 메뉴(상황에 알맞게 표시되는 팝업 메뉴), 키보드 단축키를 잘 활용하는 것은 UI 컨트롤뿐만 아니라 델파이의 모든 다른 기능에도 적용되므로 실습을 통해 직접 손에 익히기 바랍니다.

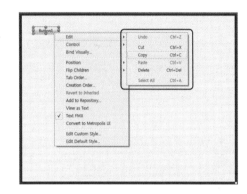

File ＞ New ＞ Multi-Device Application - Delphi (XE6 이하 버전은 FireMonkey Mobile Application - Delphi) ＞ Blank Application을 클릭합니다.

01 컨트롤 복사하기, 잘라내기, 붙여넣기
폼 디자이너에 TButton을 추가합니다.
버튼 즉 복사할 컨트롤을 선택하고 마우스
오른쪽을 클릭하여 복사합니다.

– Edit ＞ Copy (단축키 Ctrl+C): 복사하기
– Edit ＞ Cut (단축키 Ctrl+X): 잘라내기
– Edit ＞ Delete (단축키 Ctrl+Del): 삭제하기

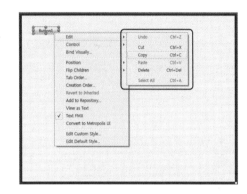

02 복사한 컨트롤 붙여넣기
버튼을 복사하였다면, 붙여넣기를 합니다.
폼 디자이너에서 마우스 오른쪽 클릭을 합니다.

– Edit ＞ Paste (단축키 Ctrl+V): 붙여넣기

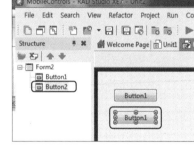

추가된 Button2는 복사된 버튼과 완전히 동일하
므로 텍스트도 Button1으로 표시됩니다. (하지만
별도의 오브젝트이므로 오브젝트 명은 Button2로 다릅니다)

03 여러 컨트롤을 모두 선택하기
폼의 빈 공간에서 마우스 오른쪽 클릭을
이용하여 모두 선택합니다.

– Edit ＞ Select All (단축키 Ctrl+A): 모두 선택

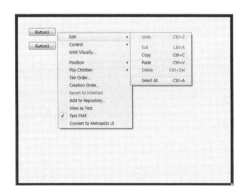

버튼 2개가 선택된 상태에서, 마우스로 한
꺼번에 위치를 이동해 봅니다.
버튼 2개가 선택된 상태에서, 단축키 Ctrl
+C, Ctrl+V로 버튼이 총 4개가 되도록 합니다.

04 컨트롤을 골라서 함께 선택하기

폼에서 마우스로 공간을 드래그하면 범위 내의 모든 컨트롤이 선택됩니다.

(Shift 키를 누른 상태에서 마우스로 컨트롤을 선택하면 선택에 추가되거나 빠집니다)

컨트롤이 선택된 상태에서 Delete 키를 누르면 삭제됩니다. Ctrl+Z를 누르면 되돌립니다.

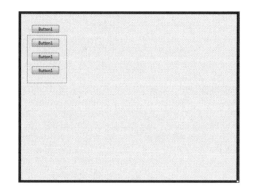

05 컨트롤의 크기와 위치 조정

컨트롤을 선택한 후 마우스로 드래그하면서 위치를 원하는 곳으로 옮길 수 있습니다.

컨트롤을 선택하고 테두리에 있는 점을 마우스로 다시 클릭하여 크기를 늘리거나 줄일 수 있습니다.

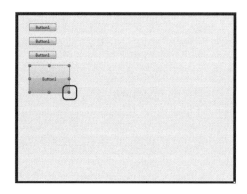

06 여러 컨트롤의 크기와 위치 조정

여러 컨트롤이 선택된 상태에서, 선택된 컨트롤 중 하나의 위에서 마우스 오른쪽 클릭을 하여 위치와 크기를 일괄 조정할 수 있습니다

- Position 〉Align: 기준 컨트롤을 중심으로 정렬
- Position 〉Size: 모든 컨트롤의 크기 일괄 지정
- Position 〉Align To Grid: 폼 격자에 맞추기

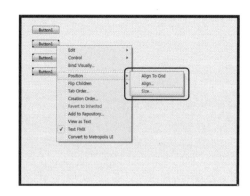

07 크기 일괄 변경

여러 컨트롤이 선택된 상태에서, 선택된 컨트롤 중 하나의 위에서 마우스 오른쪽 클릭 > Position > Size로 Size 창을 띄웁니다. Width와 Height를 선택하고, 값을 '100'으로 조정한 후 OK를 클릭합니다.

그림과 같이 모든 컨트롤의 크기가 변경됩니다.

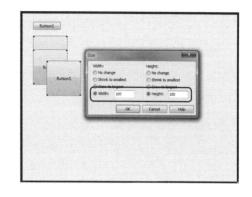

08 위치 일괄 변경

여러 컨트롤이 선택된 상태에서, 선택된 컨트롤 중 하나의 위에서 마우스 오른쪽 클릭 > Position > Align으로 Alignment 창을 띄웁니다.

Vertical > Top으로 하고 OK를 클릭합니다. 선택된 컨트롤의 위쪽을 기준으로 정렬됩니다.

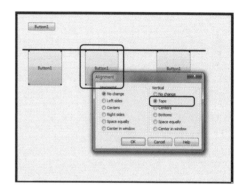

09 기타 속성 일괄 변경

여러 컨트롤이 선택된 상태에서, 오브젝트 인스펙터를 보면 선택된 컨트롤 모두가 가지고 있는 속성이 표시됩니다. Text 속성에 '클릭하세요'를 입력하고 엔터키를 치면 텍스트가 한꺼번에 변경됩니다. (크기, 색깔, 위치 등도 마찬가지 입니다)

메인 메뉴 〉 Edit

이와 같은 메뉴는 메인 메뉴 〉 Edit의 일부이기도 합니다. 앞에서 설명되지 않은 Edit 메뉴의 주요 기능은 아래와 같습니다.

- Undo (Ctrl+Z): 직전 작업으로 되돌리기
- Redo (Shift+Ctrl+Z): 최근 작업으로 되돌리기
- Bring to Front: 선택된 컨트롤을 가장 앞으로 표시
- Bring to Back: 선택된 컨트롤을 가장 뒤로 표시
- Tab Order: (PC 용 앱에서) 탭키로 포거스가 이동하는 순서 지정
- Lock Controls: 컨트롤의 위치와 크기가 바뀌지 않도록 잠금

3. 폼 디자이너의 화면 변경

폼 디자이너의 View를 여러 가지로 바꾸어 봅니다. 폼 디자이너의 화면과 컴포넌트의 모양도 함께 바뀝니다.

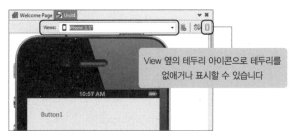

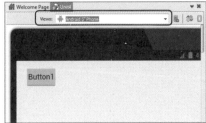

XE7 버전부터는 마스터 뷰가 도입 되었습니다. 마스터 뷰는 모든 뷰의 기준이 되는 뷰입니다. 마스터 뷰에서 컨트롤의 위치나 색상, 배열, 텍스트 등을 변경하면 하위 뷰인 안드로이드 폰, 아이패드 등에도 자동 반영됩니다(캐스케이딩). 하지만, 하위 뷰에서 직접 변경을 한 요소는 이후에 마스터 뷰에서 변경이 되어도 반영되지 않습니다(오버라이딩).

마스터 뷰에서 기본 화면을 구성하고, 각 디바이스 별로 미세한 조정이 꼭 필요한 부분만 하위 뷰에서는 오버라이딩 하는 것이 좋습니다.

캐스케이딩 (Cascading)

물이 폭포를 만나면 떨어지고 또 폭포를 만나면 다시 떨어 지는 것을 빗대어 상위의 설정이 하위로 전파되는 상황을 표현하는 용어입니다.

오버라이딩(Overriding)

덮고 올라 탄다는 의미로 상위에서 전파된 속성 등을 하위에서 변경한 후에는 상위의 변경이 더 이상 아래로 캐스케이딩 되지 못하는 상황을 표현하는 용어입니다. 오버라이딩이 많을 수록 상위의 변경만으로 모든 하위 요소들에게 일관성있게 일괄 적용할 수 있는 범위가 작아진다는 점을 고려하여 사용해야 합니다.

UI 화면 즉 FMX 폼은 델파이 소스 코드와는 별도로 관리됩니다

폼의 빈 공간에서 마우스 오른쪽 클릭을 하여 컨텍스트 메뉴를 열면 View as Text가 있습니다. 이것을 클릭하면 FMX 폼의 코드를 볼 수 있습니다. FMX의 폼에 대한 코드에서는 반대로 View as Form 메뉴가 있어서 다시 폼 화면으로 돌아 올 수 있습니다.

프로젝트 메니저에서도 유닛의 소스는 .pas이고 폼은 .fmx로 별도 관리됨을 알 수 있습니다.

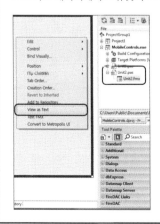 

4. 오브젝트 인스펙터에서 UI 컨트롤의 속성 다루기

폼 디자이너에 컴포넌트를 추가하는 것에 대한 정확한 의미는 해당 컴포넌트의 '오브젝트'를 추가한다는 의미입니다. 예를 들어 폼 디자이너에 TButton 컴포넌트를 2개 추가하면 Button1과 Button2 라는 두 개의 '오브젝트'가 생깁니다. 각 버튼 '오브젝트'는 독립적입니다. 예를 들어 Button1 오브젝트는 초록색을 가지고 승인 기능을 하고 Button2 오브젝트는 빨강색을 가지고 취소 기능을 할 수 있습니다.

각 오브젝트의 속성과 이벤트(사용자 행위 감지)를 설정하려면 오브젝트 인스펙터를 사용합니다. 델파이 컴포넌트에는 정교하게 다룰 수 있도록 많은 속성이 있습니다. 지금은 인스펙터 사용법을 익히기 위해, 정렬 등 대부분의 UI 컨트롤이 가지고 있는 속성들을 실습합니다.

 **따 라 하 기**

File > New > Multi-Device Application - Delphi (XE6 이하 버전은 FireMonkey Mobile Application - Delphi) > Blank Application을 클릭합니다.

01 **오브젝트 명 변경**: XE7 버전부터는 이름 변경은 마스터 뷰에서만 허용됩니다.

● **폼 디자이너에 TButton을 추가**

[결과]
– 자동으로 오브젝트 명이 'Button1'으로 지정됨.

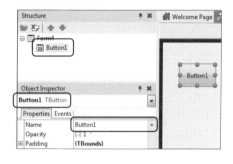

● 오브젝트 인스펙터에서 이름 변경

오브젝트	속성	값
Button1	Name	btnCamera

[결과]
– 오브젝트 명이 'btnCamera'로 변경됨.
– 스트럭처 뷰와 오브젝트 선택 목록에도 반영됨.

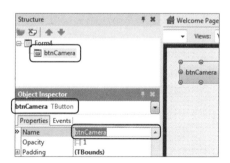

02 **텍스트 변경**: 폼 디자이너의 뷰를 iPhone 3.5"로 변경하여 아이폰 화면의 크기와 비율이 폼 디자이너에 표시되도록 한 후 진행해 보겠습니다. 다음과 같이 진행합니다.

● **오브젝트 인스펙터에서 텍스트 변경**

오브젝트	속성	값
btnCamera	Text	사진 찍기

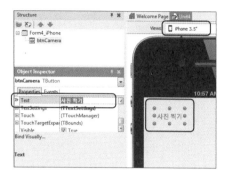

[결과]

– 버튼의 텍스트가 '사진 찍기'로 변경됨

03 **크기 변경**: 앞에서는 마우스를 이용하여 크기를 변경해 보았습니다. 오브젝트 인스펙터에서 Height와 Width 속성을 수정하여도 크기를 변경할 수 있습니다.

● **오브젝트 인스펙터에서 세로 길이 변경**

속성	값
Height	100

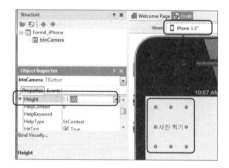

[결과]

– 버튼의 세로 길이가 변경됨

오른쪽 그림에서 Height 속성값 앞에 사다리 모양의 아이콘이 있습니다. 자세히 보면 필름 모양인데 애니메이션 효과를 줄 수 있는 속성이라는 표시입니다.

04 **텍스트 속성 변경**: TextSettings 속성을 이용하면 텍스트이 속성을 변경할 수 있습니다.

● **오브젝트 인스펙터에서 텍스트 속성 변경**

속성	값
TextSettings–FontColor	Red
TextSettings–HorzAlign	Trailing

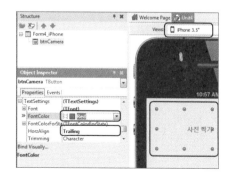

[결과]

– 버튼의 텍스트가 빨강색으로 바뀌고 뒤쪽 정렬됨

05 스타일 변경: StyleLookup 속성 목록을 펼치면 다양한 스타일을 적용할 수 있습니다.

● 오브젝트 인스펙터에서 스타일 적용

속성	값
StyleLookup	cameratoolbutton

[결과]
아이폰 스타일의 사진찍기 버튼 모양으로 변경됨

이때 기존에 설정한 버튼의 크기와 텍스트는 무시됩니다.

 Tip

델파이는 화면을 표현할 때 '스타일'을 우선 적용합니다.

앱의 룩앤필(Look & Feel)을 일관성 있고 멋지게 관리할 수 있도록 델파이에서는 '스타일'을 사용합니다. 델파이 스타일은 웹 개발의 .css(웹 스타일 시트)와 매우 유사한 개념이며, 네이티브에 적용되므로 웹 스타일 시트보다 더 막강합니다.

위 예제와 같이 스타일을 적용하면, 스타일과 겹치는 기존의 화면 설정은 무시되고 스타일이 가장 우선 적용됩니다. 만약 스타일을 적용하고 싶지 않다면 UI 컨트롤에서 스타일을 사용하지 않겠다고 '명시적으로' 정의할 수도 있습니다. 하지만, 이 경우 앱 전체의 룩앤필을 적용받을 수 없다는 점을 고려하여야 합니다.

예를 들어 몇 달 후에 앱의 일부 화면 요소를 바꾸어 달라는 사용자의 요구(비교적 흔하게 발생합니다)가 발생하면, 스타일 하나만을 수정하는 것으로 부족하고, 스타일의 적용을 받지 않도록 한 컨트롤들을 일일이 찾아서 수정해야 합니다. 이 과정은 매우 지루하고, 궁극적으로 앱의 일관성이 무너뜨립니다.

06 컨트롤 배치: Align 속성을 이용하여 컨트롤을 배치할 수 있습니다. 모바일 디바이스는 화면의 크기와 비율이 매우 다양하기 때문에 이 속성을 잘 알아둘 필요가 있습니다. 컨트롤을 몇 개 더 추가해야 하므로 '마스터 뷰'에서 진행합니다.

btnCamera를 선택하고 Delete 키를 눌러 삭제합니다. 그리고 나서 TButton, TEdit, TLabel, TMemo를 추가한 후 다음과 같이 설정합니다.

● **오브젝트 인스펙터 컨트롤 배치 실습**

오브젝트	속성	값
Button1	Text	저장
	Align	Buttom
Edit1	Text	제목 입력
	Align	Top
Label1	Text	나의 메모장
	Align	MostTop
Memo1	Align	Client

폼 디자이너의 뷰를 바꾸어서 배치가 실제로 어떻게 나타나는 지 살펴봅니다.

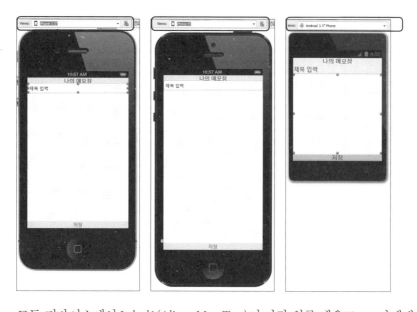

모든 디바이스에서 Label1(Align: MostTop)이 가장 위를 채우고, 그 아래에 Edit1(Align: Top)이 위치합니다. Button1(Align: Bottom)은 가장 아래쪽을 채웁니다. Top, Bottom 처럼 상하 위치를 지정한 컨트롤들은 디바이스의 가로가 길어지면 가로 폭이 같이 늘어납니다. 따라서 Width(가로 폭) 속성을 따로 지정할 필요가 없습니다(실제로 지정되지 않습니다). 하지만 Height(세로 폭) 속성은 지정한 만큼 적용됩니다. 반대로 Left, Right처럼 좌우 위치를 지정하고 세로 폭을 모두 자동으로 채우는 경우에는 Width(가로 폭) 속성만 지정할 수 있습니다.

Memo1(Align:Client)은 부모 즉 Form 안에 있는 다른 컨트롤들이 채우고 남은 나머지 영역을 채웁니다. 따라서 Edit1, Label1, Button1은 지정된 세로 폭으로 고정되어 있지만, Memo1은 그 나머지 영역을 모두 차지하기 위해 자동으로 늘어나거나 줄어듭니다.

컨트롤이 처음 추가될 때 Align은 기본값인 'None'이 지정됩니다. None은 위치와 크기를 자동 변환하지 않는다는 의미입니다. 즉 컨트롤의 부모 위치(왼쪽 위)와의 거리를 유지하며 크기도 고정됩니다.

기타 알아두어야 할 Align 값은 아래와 같습니다.

– Scale: 부모 영역에 비례하여 크기와 위치가 변경됩니다
– Contents: 부모 영역 전체를 차지합니다
– Vertical: 부모의 세로 영역을 채웁니다. 가로 폭과 위치(부모의 왼쪽 위 기준)는 직접 지정
– HorzCenter: Vertical처럼 세로를 채웁니다. 위치는 항상 가로 영역의 가운데에 위치합니다
– Horizontal: Vertical과 반대로 부모의 가로 영역을 채웁니다. 세로 폭과 위치는 직접 지정
– VertCenter: Horizontal 처럼 가로를 채웁니다. 항상 세로 영역의 가운데에 위치합니다

아래 그림은 동일한 앱의 화면의 가로 길이를 바꾸어 본 것입니다. 화면 길이가 바뀔 때, UI 컨트롤이 어떻게 변경되는지 살펴보기 바랍니다. HorzCenter는 항상 화면의 중앙에 있지만, Vertical은 폼의 왼쪽 끝에서 항상 같은 거리를 유지하고 있습니다. Scale의 경우에는 폼의 길이와 같은 비율로 위치뿐만 아니라 크기도 변경됩니다.

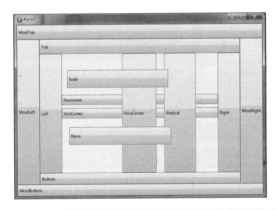
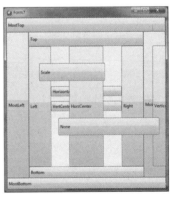

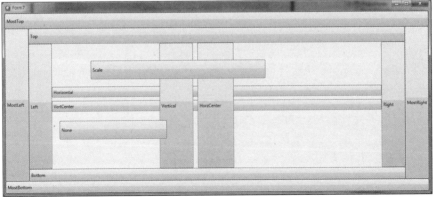

07 **HitTest 속성**: UI 컨트롤에서 이벤트에 반응할 것인가에 대한 여부를 지정합니다. 버튼은 사용자가 이벤트를 일으킬 때 즉 클릭을 할 때 반응하기 위한 컨트롤이므로 HitTest 속성은 기본값인 'True'로 되어 있습니다. 만약 이것을 'False'로 변경하면 버튼을 클릭해도 반응하지 않습니다.

반대로 Rectangle 컴포넌트는 사각형 그림을 위한 것이므로 HitTest 속성의 기본값은 'False'입니다. 하지만 이것을 'True'로 설정하고 Onclick 이벤트 핸들러 코드를 작성하면 버튼처럼 사용될 수도 있습니다. HitTest가 False이면 사용자 동작에 대한 제어권은 그 부모에게 넘어갑니다. 이 속성은 필요할 때 유용하게 사용할 수 있습니다.

더 많은 속성들은 이 책을 진행하면서 계속 소개될 것입니다.

 Tip

오브젝트 인스펙터에 모든 속성이 표시되는 것은 아닙니다.

오브젝트 인스펙터에는 컴포넌트의 속성을 관리하기에 충분하도록 '대부분'의 속성이 들어 있습니다. 즉, 굳이 꺼내놓을 필요가 없는 속성들은 오브젝트 인스펙터에 나타나지 않습니다.
그렇지만, 소스 코드에서는 컴포넌트의 모든 속성을 사용할 수 있습니다.

5. 오브젝트 인스펙터에서 UI 컨트롤의 이벤트 다루기

'이벤트'는 프로그램에 의해서 감지될 수 있는 어떤 행위나 발생된 일을 말합니다. '이벤트 핸들러'는 이벤트를 감지한 후 프로그램이 처리할 루틴입니다. 루틴은 프로시저나 함수로 작성됩니다. 예를 들어 사용자가 '메시지 전송'이라는 버튼을 클릭하면(버튼의 OnClick 이벤트가 발생하면), 작성된 메시지를 전송합니다(OnClick 이벤트에 연결된 이벤트 핸들러가 실행됩니다). 만약 이 이벤트 핸들러에 메시지 전송을 위한 코드가 아니라 메시지 삭제 코드를 작성했다면 버튼이 클릭될 때 메시지가 삭제될 것입니다.

앞에서 Align을 설명할 때 사용한 '나의 메모장' 예제를 사용하여 버튼의 클릭(Click) 이벤트 처리를 실습합니다. 그리고 나서 '이벤트 핸들러'를 다른 버튼에서도 재사용하겠습니다.

Tip

델파이에서 이벤트 명은 On으로 시작됩니다.

오브젝트 인스펙터의 Events 탭을 열면 이벤트의 이름이 모두 On으로 시작됩니다. 이벤트 명이 반드시 On
으로 시작되어야 하는 것은 아닙니다. 이것은 명확한 이름짓기의 좋은 사례이며 일관성을 가지기 때문에 좋
은 이름짓기입니다. 예를 들어 OnClick은 '클릭할 때'라는 의미이고 이벤트라는 것을 누구나 쉽게 알 수 있습
니다.

이벤트 핸들러는 디펄트로 Button1Click 과 같이 '이벤트가 발생하는 오브젝트 명 + 이벤트 명에서 On을 제
거한 단어로 지정됩니다.

델파이 언어의 매력 중 하나는 읽기 쉽고, 기호보다 영어 단어를 선호한다는 점입니다(매우 간단한 영어 단어
만을 예약어로 사용합니다). 예를 들어 C/C++ 언어에서 코드 범위를 묶을 때 중괄호를 사용하지만, 델파이
는 begin으로 시작하고 end;로 닫습니다. 여러분이 델파이 오브젝트의 이름을 지을 때에도 누구나 이해할 수
있도록 만드는 습관을 가지면 좋습니다.

||||||| **따 라 하 기** |||||||||||||||||||||||||||||||||||||||||||||||||||||||||||||||||||||||||||||

01 **TEdit 안에 삭제버튼 추가**: Edit1을 선택하고 마우스 오른쪽 클릭을 하여 컨텍스트 메뉴를
열면 Add Item 메뉴가 있습니다. 여기에서 TClearEditButton을 선택하면 Edit1에 'X'모양
의 버튼이 추가됩니다. 또는 Edit1을 더블 클릭하면 'Items Designer 창'이 표시됩니다. 이
것을 이용해서 추가할 수도 있습니다.

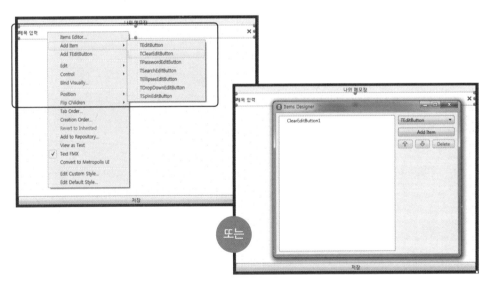

02 ClearEditButton1버튼에 이벤트 추가: 스트럭처 뷰를 보면 Edit1 아래에 ClearEditButton1
이 있습니다. 오브젝트 인스펙터에서 OnClick을 더블 클릭하면 ClearEditButton1Click이라
는 이름으로 이벤트 핸들러가 자동으로 만들어 집니다.

폼 디자이너에서 ClearEditButton1을 더블 클릭해도 됩니다. (델파이의 편의 기능을 잘 알
수록 프로그래밍은 빠르고 즐거워집니다).

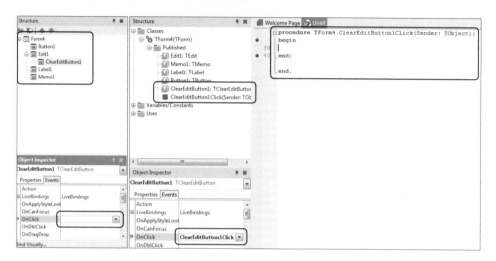

이벤트 핸들러 즉 TForm4.ClearEditButton1Click(Sender: TObject) 라는 프로시저(루틴의
일종)가 만들어 졌습니다. Begin과 End; 안에, 이벤트가 발생할 때 작동할 코드를 아래와
같이 추가합니다.

```
procedure TForm4.ClearEditButton1Click(Sender: TObject);
begin
  Memo1.Lines.Add('삭제된 내용: '+ Edit1.Text);
  Edit1.Text := '';
  Memo1.Lines.Add('클릭된 버튼 명: '+(Sender as TClearEditButton).Name);
  Memo1.Lines.Add('이벤트 처리 완료'); //이벤트 처리 완료
  Memo1.Lines.Add(''); //빈줄
end;
```

코드를 살펴보겠습니다. (이 책이 델파이 문법시는 아닙니다만!)

● TForm4.ClearEditButton1Click(Sender: TObject)

먼저 이벤트 핸들러는 입력 파라미터로 Sender를 가집니다. 코드 안에서 이벤트를 발생시
킨 오브젝트를 사용할 수 있도록 넘겨주기 위해서 입니다. 즉 Sender는 이벤트가 발생된
오브젝트입니다. 지금은 ClearEditButton1이 이벤트를 일으키는 실제 오브젝트입니다.

● Memo1.Lines.Add('삭제된 내용: '+ Edit1.Text);

삭제하기 전에 Edit1의 내용을 아래의 Memo1에 기록합니다. 델파이는 문자열을 홀따옴 표(')로 감쌉니다. 그리고 간단한 문자열을 연결할 때 + 를 사용할 수 있습니다.

● Edit1.Text := '';

Edit1의 Text에 빈 문자열을 넣어서 비웁니다. 델파이는 변수에 무언가를 집어 넣을 때 (즉, 변수 할당) :=를 사용합니다.

● Memo1.Lines.Add('클릭된 버튼 명: '+(Sender as TClearEditButton).Name);

as를 사용하여 Sender를 TClearEditButton 타입으로 형 변환을 하면, 이 오브젝트의 Name을 얻을 수 있습니다. (사실 우리는 이미 이 오브젝트 명을 알고 있기 때문에 Sender 를 사용하지 않고 ClearEditButton1.Name이라고 적어도 결과는 같습니다.)

연결된 스마트 디바이스에서 직접 실행해 봅니다.

안드로이드폰

아이폰

03 **이벤트 핸들러 재사용**: 작성된 이벤트 핸들러는 다른 이벤트에서도 사용될 수 있습니다. 물론 다른 컨트롤에 있는 이벤트에서도 사용될 수 있습니다. 지금 추가한 ClearEdit Button1Click 프로시저를 다른 버튼에서 재사용하겠습니다.

가장 아래에 있는 버튼인 Button1을 선택하고 오브젝트 인스펙터에서 이벤트 탭을 열고 OnClick의 화살표 버튼을 클릭하면 폼에 있는 이벤트 핸들러가 모두 표시됩니다. 지금은 ClearEditButton1Click 밖에 없으므로 이것만 표시될 것입니다. 이것을 선택하고 실행합니다. Button1이 클릭했을 때에도 ClearEditButton1Click 코드가 실행됩니다.

실제로 이 코드를 실행하고 아래쪽의 Button1을 터치해 보면 오류가 발생할 것입니다. 그 이유는 (Sender as TClearEditButton).Name 코드 때문입니다. Sender가 TButton 타입인데 이것을 직계 관계가 아닌 TClearEditButton 타입으로 적용하려는 과정에서 오류가 생기는 것입니다. 앞에서 사용한 공간의 비유를 사용하면 '서울'을 포함하는 지역이 아닌 '유럽', '중국' 또는 '대전'의 한 공간이라고 우기려고 한 것입니다.

따라서 이 부분을 (Sender as TControl).Name으로 바꾸면 오류가 해소됩니다. TControl은 TButton과 TClearEditButton 모두의 조상이기 때문입니다. 앞에서 Sender의 타입이 TObject 였던 것과 같은 맥락입니다.

아래 그림은 docwiki.embarcadero.com 온라인 도움말에 있는 이 두 버튼의 상속관계입니다.

구글 검색어에 docwiki fmx tbutton 처럼 검색하면 쉽게 찾을 수 있습니다.

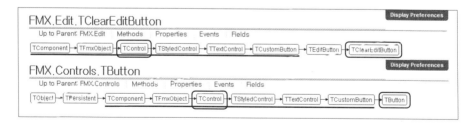

다시 F9키를 눌러 실행하면 TButton을 클릭하는 경우에도 동일한 동작을 할 것입니다. 이때 '클릭된 버튼 명'에는 클릭된 버튼의 오브젝트 명이 잘 표시되는지 확인해보세요.

6. 액션: 이벤트 핸들러 공유 그 이상

앞에서 서로 다른 컨트롤이나 이벤트에서 동일한 처리 루틴을 실행하도록 이벤트 핸들러를 재사용하였습니다. 하지만, 'TAction'을 사용하면 처리 루틴뿐만 아니라 텍스트 등 UI 요소까지도 모두 재사용할 수 있습니다. 액션은 활용도가 매우 높으며, TActionList나 TActionManager를 통해 관리되므로 액션을 일목요연하게 관리할 수 있다는 장점도 있습니다.

액션은 직접 만들 수도 있고 이미 델파이에 들어있는 표준 액션을 사용할 수도 있습니다. 델파이의 표준 액션 카테고리에는 사진 찍기, 전화 걸기, 화면 이동 등 바로 사용할 수 있는 많은 액션들이 들어있습니다.

지금은 액션을 직접 만들어 보면서 액션을 이해하겠습니다. 델파이 표준 액션 사용은 스마트폰 하드웨어 제어하기 등 이책의 예제에서도 계속 사용하게 되므로 지금은 생략합니다.

앞에서 재사용하였던 이벤트 핸들러 코드를 액션으로 만들고 활용하겠습니다.

||||||| **따 라 하 기** ||||||||||||||||||||||||||||||||||||||||||||||||||||||||||||||

01 **TActionList 추가**
폼 디자이너에 TActionList를 하나 추가합니다.
추가된 ActionList1을 더블 클릭하면 액션 리스트 편집 화면이 표시됩니다.
여기에서 노랑색 버튼을 클릭하면 액션 (Action1)이 하나 추가됩니다.

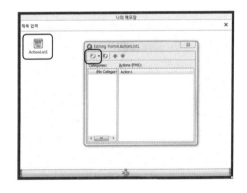

02 **액션(TAction) 이벤트 핸들러 생성**
액션리스트 편집 화면에서 Action1을 더블 클릭하면 Action1Execute 이벤트 핸들러 코드가 표시됩니다.
(Action은 OnExecute와 OnUpdate 두개의 이벤트를 가집니다. OnExecute 는 이벤트가 발생할 때 실행될 코드입니다)

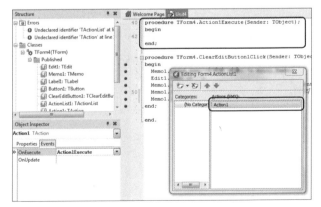

03 액션 이벤트 핸들러 코드 작성

생성된 Action1Execute 코드 블록 안에는 앞에서 작성했던 ClearEditButton1Click 코드의 내용을 넣습니다. (ClearEditButton1Click 이벤트 핸들러는 더 이상 사용하지 않을 것입니다).

액션은 여러 컨트롤이 재사용하기 위해 사용합니다. 이 목적에 맞게 코드도 한 줄 바꾸겠습니다. 액션 이벤트 핸들러에서는 Sender가 당연히 액션 오브젝트가 됩니다. 액션의 영향을 받은 컨트롤은 '액션의 타겟'이라고 합니다. 따라서 코드를 아래와 같이 변경합니다.

– 변경 전: Memo1.Lines.Add('클릭된 버튼 명: '+(Sender as TControl).Name);
– 변경 후: Memo1.Lines.Add('클릭된 버튼 명(Action의 Target): '+(Sender as TAction).Target.Name);

그리고 액션의 코드에서 처리되었다는 것을 확인하기 위해 '이벤트 처리 완료'라고 표시했던 내용을 'Action 처리 완료'라고 변경합니다.

완성된 코드는 다음과 같습니다('//' 다음에 나오는 내용은 주석이므로 컴파일 되지 않습니다).

```
procedure TForm4.Action1Execute(Sender: TObject);
begin
  Memo1.Lines.Add('삭제된 내용: '+ Edit1.Text);
  Edit1.Text := '';
  //Memo1.Lines.Add('클릭된 버튼 명: '+(Sender as TControl).Name);
  Memo1.Lines.Add('클릭된 버튼 명(Action의 Target): '+(Sender as TAction).Target.Name);
  Memo1.Lines.Add('Action 처리 완료'); //Action 처리 완료
  Memo1.Lines.Add(''); //빈줄
end;
```

04 UI 컨트롤에 액션 적용

UI 컨트롤의 Action 속성 목록을 열면 Action1이 나옵니다. 이 액션을 앞에서 본 2개의 버튼 이외에 상단의 레이블에서도 사용하겠습니다.

오브젝트	속성	값
Button1	Action	Action1
ClearEditButton1	Action	Action1
Label1	Action	Action1
	HitTest	True

(레이블은 일반적으로 사용자의 행위에 반응하는 용도가 아니므로 HitTest의 기본값은 'False'입니다. 이것을 반응을 하도록 바꾸기 위해서 'True'로 설정합니다)

05 액션의 텍스트 변경과 일괄 적용

Action1의 Text 속성을 변경하면 Action이 연결된 모든 컨트롤의 Text에 그대로 반영됩니다. (Action의 Text 속성은 매우 유용합니다. 동일한 작동을 설명하는 텍스트가 항상 일치될 수 있기 때문입니다. 일관성이 있어야 사용자가 혼란스럽지 않습니다!)

오브젝트	속성	값
Action1	Text	여기를 누르세요

06 액션의 OnUpdate 이벤트 핸들러 코드 작성

Edit1에 입력된 내용이 있을 때만 버튼이 활성화되고 없으면 활성화되지 않아야 한다면 어떻게 할까요? 아마 컨트롤 각각에서 Edit1의 상태에 따라 활성화/비활성화를 하도록 해야 할 것입니다. 그리고 컨트롤이 추가되거나 변경될 때마다 같은 코드를 중복하게 될 것입니다. 액션의 OnUpdate 이벤트를 사용하면 이 액션을 사용하는 모든 컨트롤에 반영할 수 있습니다. 이 액션을 사용하는 컨트롤이 추가된다면, 역시 텍스트, 활성화/비활성화, 작동 모두 똑같이 적용될 것입니다.

Action1의 OnUpdate 이벤트의 입력창을 더블 클릭하여 액션 이벤트 핸들러 코드가 열리면 아래와 같이 코드를 추가합니다.

```
procedure TForm4.Action1Update(Sender: TObject);
begin
    // 에디트에 글자가 있을 때만 Action 타겟 활성화
    Action1.Enabled := Length(Edit1.Text) > 0
end;
```

07 **F9를 눌러 실행하고 다음 사항을 확인**

– Lable1, Button1, ClearEditButton1 모두 작동이 같은가?
– Edit1이 비어있을 때, 모두 비활성화 되는가?
– Edit1에 글자가 입력되면, 모두 활성화 되는가?

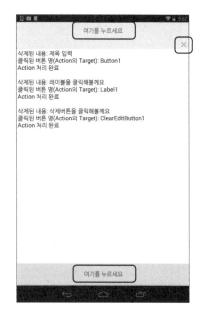

7. 라이브 바인딩: 컨트롤에 값을 연결하기

라이브 바인딩을 사용하면 UI 컨트롤과 데이터를 마우스를 이용하여 선으로 연결해주기만 하면 UI 컨트롤에 데이터가 연결됩니다. 라이브 바인딩 화면은 개발 시간을 줄여줄 뿐만 아니라 프로그램을 쉽게 이해하고 관리할 수 있도록 합니다. 여기에 라이브 바인딩 액션까지 활용하면 멋진 앱을 금방 만들 수 있습니다.

라이브 바인딩은 데이터베이스를 사용하는 경우 더욱 유용합니다. Part1의 '따라하기: 사원 목록과 정보 표시'에서 이미 라이브 바인딩을 사용하였습니다. 앞으로 나올 여러 실습에서도 라이브 바인딩이 사용될 것입니다.

지금은 매우 간단한 실습으로 라이브 바인딩을 어떻게 사용하는 지를 알아봅니다. 이 실습은 엠바카데로 튜토리얼에 있는 라이브 바인딩의 첫번째 튜토리얼을 참고하였습니다.

선택한 색깔을 원에 바로 반영하고 입력창의 내용을 레이블에 표시합니다. 라이브 바인딩을 사용하므로 코드를 직접 작성할 필요가 없습니다.

|||||||| **따 라 하 기** |||||||||||||||||||||||||||||||||||||||||||||||||||||||||||||||||||||||||

File > New > Multi-Device Application – Delphi (XE6 이하버전은 FireMonkey Mobile Application – Delphi) > Blank Application을 클릭합니다.

01 바인딩할 UI 컨트롤을 추가합니다.

아래 스트럭처 뷰의 계층 구조와 같이 컨트롤을 추가합니다. 그리고 폼 디자이너의 화면과 같이 각 컨트롤을 보기 좋게 크기와 위치를 맞춥니다. (Edit1와 Label1, Lable2의 Width 속성은 '400'으로 지정)

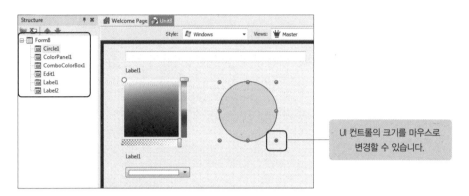

UI 컨트롤의 크기를 마우스로 변경할 수 있습니다.

02 라이브 바인딩 디자이너 화면을 엽니다.

메인 메뉴 > View > LiveBindings Designer를 사용하여 라이브 바인딩 디자이너를 엽니다. 폼 디자이너에서 UI 컨트롤을 선택 한 후 마우스 오른쪽 클릭을 하고 Bind Visually⋯를 클릭해도 됩니다. IDE 인사이트를 이용하면 더 편합니다.

 Tip

IDE 인사이트를 이용하면 개발 환경의 모든 요소를 검색하고 바로 사용할 수 있습니다.

개발 환경에서 F6 키를 누르면 IDE 인사이트 검색 창으로 입력 포커스가 이동합니다. 여기에서 'livebindings'를 입력하면 실시간으로 입력한 내용을 포함하는 모든 요소가 표시됩니다. 원하는 요소를 찾으면 바로 사용할 수 있습니다. IDE 인사이트 (F6 키)를 잘 사용하면 더 빠르게 개발할 수 있습니다.(여러분의 시간은 금보다 소중합니다!)

03 Edit1, Label1, Label2의 '텍스트' 속성을 서로 연결 합니다.

라이브 바인딩 디자이너 화면에서 Edit1의 Text 속성을 마우스로 클릭 한 후 선을 끌어서 Label1의 Text와 연결합니다. 같은 방식으로 Label2에도 Edit1의 Text 속성을 연결합니다.

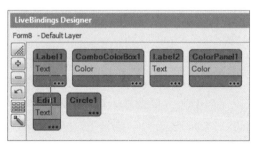

04 ColorPanel1의 색상을 Circle1의 테두리 색에 연결하고, ComboColorBox1의 색상을 Circle1의 내부 색에 연결합니다.

라이브 바인딩 디자이너 화면에서 Circle1의 '···' 부분을 클릭하면 Circle1의 모든 속성이 표시됩니다. (라이브 바인딩 디자이너에서는 자주 쓰는 속성만 보여줍니다. 원하는 속성이 없는 경우에는 이와 같이 '···'을 이용하여 직접 표시되도록 할 수 있습니다..

Filter에 'color'라고 입력하면 color라는 글자가 포함된 속성만 보입니다. Fill.Color (내부색)와 Stroke.Color(테두리색)을 선택하고 OK를 클릭합니다.

Color Panel1의 Color 속성을 Circle1의 Stroke.Color 속성에 연결합니다. ComboColor Box1의 Color 속성은 Circle1의 Fill.Color 속성에 연결합니다.

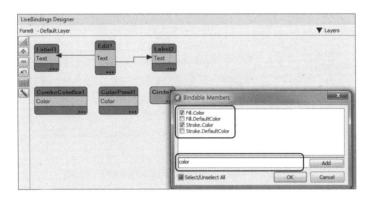

이제 모든 연결이 끝났습니다. 라이브 바인딩 디자이너 화면에서 왼쪽의 '정렬'(창문 9개 모양) 버튼을 클릭하면 아래와 같이 화면이 정리됩니다.

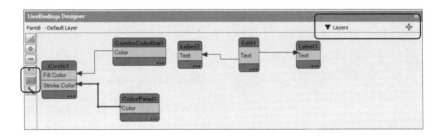

라이브 바인딩 디자이너 화면은 컴포넌트가 많은 경우 라이브 바인딩 화면이 복잡할 수 있으므로 원하는 연결만 볼 수 있도록 레이어가 있습니다. 이것은 포토샵의 레이어와 유사한 개념입니다. 실제로 델파이에서 모바일 화면을 만들 때 콘트롤의 투명도, 그라디에이션, 효과 등 잘 다루게 된다면 굳이 이미지를 포토샵에서 따로 편집할 필요성을 못 느끼게 될 것입니다.

TCircle은 일반 컨트롤과 달리 원시(Primitive) 도형입니다.

지금 사용하고 있는 TCircle은 화면에 원을 직접 그려서 표시하기 위한 원시 도형입니다. TButton이나 TLabel 등 특정 기능을 위한 일반적인 UI 컨트롤(대부분이 TStyledControl의 자손)과는 조상부터 다릅니다. TCircle의 조상은 TShape입니다. TShape는 화면을 직접 그리기 위한 것입니다. TShape의 자손은 TLine(선), TRectangle(사각형), TCircle(원), TArc(아크), TPie(파이) 등이 있습니다.

TCircle 등 TShape의 모든 자손은 Fill과 Stroke 속성을 가집니다. Fill은 도형의 내부 표현을 위한 속성이고, Stroke는 도형의 테두리 표현을 위한 속성입니다. 예제에서는 Fill.Colr(내부 색상)와 Stroke.Color(테두리 색상)을 사용해 보았습니다.

참고로, 원시 도형 뿐만 아니라 모든 파이어몽키 컨트롤은 TControl의 자손입니다. TControl은 Canvas 속성이 있습니다. Canvas 속성은 '컨트롤 자신을 그려내기 위한 도화지'입니다. 따라서 버튼 컨트롤도 자신을 직접 그려낼 수 있습니다. 거꾸로 TCircle의 HitTest 속성과 OnClick 이벤트를 사용하면 간단히 원형 버튼을 만들 수도 있습니다. 하지만, 각 컴포넌트의 목적에 맞게, 즉 그리기는 TShape의 자손을 사용하는 것이 좋습니다.

05 **폼 디자이너에 BindingList1이라는 컴포넌트가 자동으로 추가되어 있습니다.**

폼 디자이너를 보면 BindingList1이라는 컴포넌트가 추가 되어 있습니다. 우리가 직접 추가하지 않았지만, 라이브 바인딩 디자이너를 이용하여 바인딩을 할 때 자동으로 추가한 것입니다. (실제로는 툴 팔레트에서 TBindingList를 직접 추가하여 작업하는 것을 선호하게 될 것입니다!)

이 BindingList1는 UI 컨트롤들 사이의 바인딩 연결을 담고 있습니다. 더블 클릭하면 자세히 볼 수 있습니다. 폼의 빈 영역에서 마우스 오른쪽 클릭을 한 후 **View as Text** 메뉴를 클릭하면 알 수 있듯이, 이 모든 바인딩 정보는 .fmx에 저장되고 주로 GPU에서 처리됩니다.

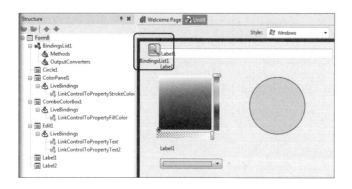

위에서 스트럭처 뷰를 보면 BindingList1 이외에도 값을 '제공'하는 UI 컨트롤 아래로 바인 딩 객체가 자동으로 추가된 것도 알 수 있습니다.

06 이제 완성된 앱을 실행하여 확인합니다.
먼저 Edit1에 '선택한 색상을 원에 연결합니다'라고 입력하고 키보드를 닫으면 Label1과 Label2의 Text도 일치됩니다.
ColorPanel1에서 스크롤이나 색상 선택판을 활용 하여 원하는 색을 선택하면 오른쪽에 있는 Circle1 의 테두리 색이 선택된 색상과 일치 됩니다.
ComboColorBox1에서 선택한 색상은 Circle1의 내부 색으로 바로 반영됩니다.

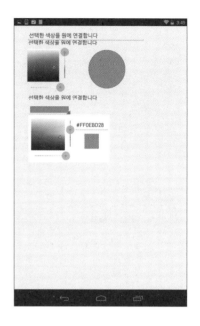

다른 개발 환경에서는 이와 같은 동작을 구현하기 위해 소스 코드를 작성하였을 것입니다. 하지 만 델파이의 라이브 바인딩은 이와 같이 매우 직관적으로 개발할 수 있습니다. 간단한 실습이지 만 라이브 바인딩의 강력함과 사용법을 이해할 수 있었을 것입니다. 지금은 설명하지 않았지만 라이브 바인딩의 연결 내용에 원하는 로직을 추가할 수도 있고 다른 컨트롤에서 사용되기도 합 니다.

지금까지 UI 컨트롤의 기본 사용법을 살펴보았습니다. 이외에도 모바일 화면을 손가락으로 쓸 어넘기도록 하는 제스처 등 매우 많은 기술이 있습니다 하지만, 이 책은 모든 것을 다루는 것이 아니라 길잡이가 되는 것이 목적입니다. 델파이의 UI 컨트롤에 대한 기초적인 이해는 이 정도로 마칩니다. 이어지는 실습에서 많은 UI 컨트롤을 충분히 다루어 보게 될 것입니다.

6장

UI 콘트롤로 화면 만들기

앞에서 기본적인 UI 컨트롤들을 소개하면서 델파이의 모바일 UI 컨트롤
사용법을 이해하였습니다. 지금부터는 자주 사용되는 컨트롤 중에서 앞에서
설명되지 않았거나, 조금 더 설명되어야 하는 컨트롤들 몇 가지를 가지고
조금 더 깊이 들어가 보겠습니다.

지금 설명하는 컨트롤 이외에도 이 책을 따라가면서 더 많은 유용한 컨트롤을 사용하게 될 것입니다. 이 책 전체에서 소개하는 컨트롤과 기술은 델파이의 1%도 안됩니다. 하지만 이 책을 충분히 이해한다면 툴 팔레트에서 필요한 컨트롤을 직접 찾아서 활용할 수 있을 것입니다. 델파이 도움말, 동영상 자료, 샘플, 구글 검색 등을 통해 어렵지 않게 수준을 높여갈 수 있습니다.

이 책의 앞부분은 델파이 또는 모바일을 처음 시작한 경우를 위해 자세하게 설명하고 있지만 뒤로 갈수록 반복되는 설명을 줄이고 간결하게 전달합니다. 따라서 여유를 가지고 이 책의 순서에 따라 차근차근 진행하시기 바랍니다.

1. TTabControl과 TTabItem: 여러 페이지로 된 모바일 화면 구성

PC에서 사용하는 앱은 큰 모니터에서 모든 것을 한눈에 보면서 처리하는 것이 목적이지만, 모바일 앱은 휴대할 수 있는 작은 화면에서 꼭 필요한 기능만을 바로 사용하는 것이 목적입니다. 모바일 앱은 화면이 가능한 단순 명료하도록 '탭'을 이용하여 페이지를 따라가며 진행되는 사용자 경험(UX)이 매우 흔하게 사용됩니다.

델파이에는 이런 유형의 앱을 바로 개발할 수 있도록 템플릿이 들어 있습니다. File > New > Multi-Device Application - Delphi (XE6 이하버전은 FireMonkey Mobile Application - Delphi) 에서 표시되는 아래와 같이 다양한 탭과 화면 유형 중에서 선택하면 됩니다.

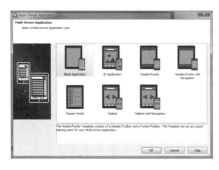

일단, 지금은 컨트롤을 공부하기 위해 직접 탭컨트롤(TTabControl)을 사용해 보겠습니다. TTabControl은 여러 개의 탭 페이지(즉 TTabItem)를 담는 컨테이너입니다. 프로그래머는 각 페이지에서 원하는 UI 컨트롤을 사용하여 화면을 구성하면 됩니다. TTabControl은 각 TabItem 페이지로 이동하는 탭에 텍스트와 이미지를 사용하여 설명할 수 있습니다. 또는 점으로 표시하거나 아예 탭을 숨길 수도 있습니다.

따 라 하 기

'러브액추얼리'라는 영화에서 한 남자가 스케치북을 넘기면서 고백을 하는 장면이 나옵니다. 이 것과 비슷하게 구글 넥서스 패드에서 손가락으로 쓸어 넘기면서 윤동주 시인의 '별 헤는 밤'을 표시하는 앱을 만들어 보겠습니다.

델파이가 조금 더 익숙해지면 원하는 효과와 제스처를 넣을 수 있고 인터넷 검색 결과를 반영할 수도 있을 것입니다. 이런 유형의 앱은 사용자가 원하는 아이디어를 마음껏 적용할 수 있다는 점에서 일반 슬라이드 보다 훨씬 유용합니다. 그리고 더 나아가 텍스트, 버튼, 탭 등의 UI 컨트롤을 동적으로 생성하면 다른 시인과 시에도 별도로 작업할 필요가 없이 활용할 수 있을 것입니다.

지금은 TabControl과 TabItem을 중심으로 매우 간단하게 만들어 봅니다. 위 쪽에 2개의 탭을 둡니다. 첫번째 탭은 '윤동주', 두번째 탭은 윤동주 시인의 '별 헤는 밤'을 위한 것입니다. '별 헤는 밤' 탭 아래로는 시의 내용이 여러 개의 페이지에 나누어져 한 줄씩 나오도록 하겠습니다. 이 실습에서는 손가락으로 쓸어넘기는 액션을 처리하기 위한 '제스처'에 대해서도 배우게 됩니다.

아래 그림은 완성된 구조입니다. 스트럭처 뷰를 잘 봐두면 보다 쉽게 실습할 수 있습니다.

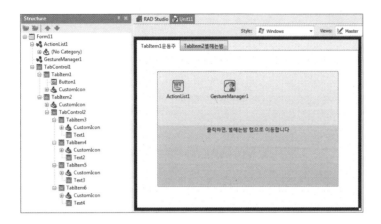

File > New > Multi-Device Application - Delphi (XE6 이하버전은 FireMonkey Mobile Application - Delphi) > Blank Application을 클릭합니다.

01 아래 스트럭처 뷰와 같도록 TActionList, TGestureManager, TTabControl, TTabItem 을 추가합니다. 이때 TabControl1 아래로 TabItem1과 TabItem2를 둡니다. 그리고 나서 TabItem2 아래에 다시 TabControl2를 두고 TabControl2 아래로 TabItem3~6을 둡니다. (Tip, 일반적으로 폼 디자이너에 새 오브젝트가 추가될 때, 현재 스트럭처 뷰에 선택되어 있는 오브젝트의 자식으로 추가됩니다.)

이와 같이 탭을 중첩하여 사용하면 계층형 페이지 구조를 만들 수 있습니다. (Tip, 스트럭처 뷰에서 오브젝트를 마우스로 드래그 드롭을 하면 계층 구조를 쉽게 변경할 수 있습니다)

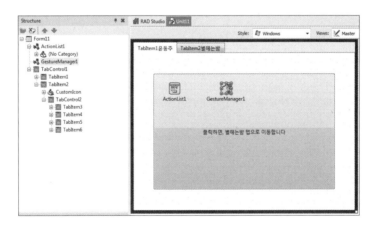

02 먼저 UI를 완성합니다. 아래 순서로 진행합니다.

TabItem 각각은 하나의 페이지입니다. 각 페이지에 원하는 UI 컨트롤을 넣을 수 있습니다. 지금은 TText 1개씩만 넣겠습니다. (참고로 TabItem3에 Text1을 넣고 모든 설정을 완료한 후 스트럭처 뷰에서 TabItem3을 선택하고, 마우스 오른쪽 클릭으로 나오는 팝업 메뉴에서 Edit > Copy 하고 다시 Edit > Paste를 하면 자식 컨트롤까지 모두 복사되므로, 이 방식으로 TabItem4~6 만들면 더 편리합니다)

상위 오브젝트	오브젝트	속성	값 (또는 설명)
Form1	TabControl1	Align	Client
		TabPosition	PlatformDefault (탭 버튼을 플랫폼 기본형으로 지정, Top: 위, Bottom, None 없음, Dots: 점)
TabControl1	TabItem1	Text	TabItem1윤동주
	TabItem2	Text	TabItem2별헤는밤
TabItem1	Button1	Align	Client
		Margins.Bottom	50 (제스처 테스트를 위한 공간 확보)
		Margins.Left	50
		Margins.Right	50
		Margins.Top	50
		Text	클릭하면, 별헤는밤 탭으로 이동합니다.
TabItem2	TabControl2	Align	Client
		TabPosition	Dots (점으로 탭 버튼 표시)
TabControl2	TabItem3		
	TabItem4		
	TabItem5		
	TabItem6		
TabItem3	Text1	Text	별 하나에 추억과
		Align	Contents
		TextSettings.Font	 (크기: 28, 색: 녹색)

상위 오브젝트	오브젝트	속성	값 (또는 설명)
TabItem4	Text2	Text	별 하나에 사랑과
		Align, Font	(Text1과 동일)
TabItem5	Text3	Text	별 하나에 쓸쓸함과
		Align, Font	(Text1과 동일)
TabItem6	Text4	Text	별 하나에 동경과
		Align, Font	(Text1과 동일)

03 액션리스트를 설정합니다. 아래 순서로 진행합니다.
ActionList1은 이 앱에서 사용하는 액션의 목록입니다. 지금은 표준 액션 중 ChangeTab Action(탭 이동 액션)을 사용합니다. 6개의 각 페이지(TabItem)로 이동하도록 액션 6개를 추가합니다.

● ChangeTabAction을 추가하려면
폼 디자이너에서 ActionList1을 더블 클릭하면 액션 목록을 편집할 수 있는 화면이 표시됩니다. 노랑색 추가하기 버튼 옆의 삼각형 화살표를 클릭하고 New ChangeTabAction을 선택하면 액션 목록에 Change TabAction1이 추가됩니다. 같은 방식으로 Change TabAction2~6 을 추가합니다.

● ChangeTabAction은 표준 액션입니다
위의 액션 목록 편집 화면에서 New ChangeTab Action 대신 New Standard Action을 선택하면 모든 표준 액션을 선택할 수 있습니다. 탭 이동 액션(Change TabAction)은 표준 액션 중 Tab 카테고리 안에 있습니다.
오른쪽 그림에 표시된 표준 액션에는 TTake Photo FromLibraryAction(스마트 디바이스에 있는 사진 라이브러리에서 사진 가져오기), TTake PhotoFrom CameraAction(카메라에서 사진 가져오기), TPhone CallAction(전화 걸기) 등 유용한 액션들이 있습니다.

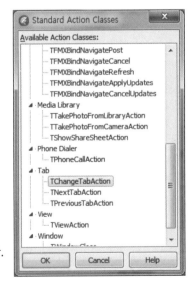

ChangeTabAction 액션이 실행되면, 액션의 Tab 속성에 지정된 페이지로 이동합니다. 원하는 페이지로 갈 수 있도록, 6개의 액션을 아래와 같이 설정합니다. (Tip, 오브젝트 인스펙터에서 속성을 설정하려면, 스트럭처 뷰를 이용하는 것이 편리합니다)

상위 오브젝트	오브젝트	속성	값 (또는 설명)
Form1	ActionList1		
ActionList1	ChangeTabAction1	Tab	TabItem1
	ChangeTabAction2	Tab	TabItem2
	ChangeTabAction3	Tab	TabItem3
	ChangeTabAction4	Tab	TabItem4
	ChangeTabAction5	Tab	TabItem5
	ChangeTabAction6	Tab	TabItem6

04 제스처를 설정합니다. 아래 순서로 진행합니다.

제스처는 터치 화면을 손가락 등을 이용하여 확대를 하는 등의 사용자 동작을 위한 것입니다. 각 제스처에는 이것에 의해 실행될 액션을 연결할 수 있습니다.

GestureManager1은 이 앱에서 사용하는 제스처를 관리합니다. 제스처와 액션의 연결은 사용자의 제스처를 인식할 UI 컨트롤에서 설정합니다.

먼저 TabControl1에 속하는 페이지에서 쓸어 넘기기 제스처가 적용되도록 합니다. (TabItem1 페이지는 TabControl1에 포함되어 있으므로 이 제스처를 통해 다음 탭으로 이동할 수 있습니다)

그리고 나서 시의 본문을 표시하는 각 TabItem3~6에서 다음 또는 이전 페이지로 이동할 수 있도록 왼쪽과 오른쪽 제스처에 알맞은 액션을 지정합니다.

상위 오브젝트	오브젝트	속성	값 (또는 설명)
Form1	GestureManager1		
Form1	TabControl1	Touch.GestureManager	GestureManager1
		(이 컨트롤은 GestureManager1의 관리를 받겠음)	
		Touch.Gesture.Standard.Left	ChangeTabAction2
		(별헤는 밤 TabItem2로 이동)	
TabControl2	TabItem3	Touch.GestureManager	GestureManager1
		Touch.Gesture.Standard.Left	ChangeTabAction4
		(다음 내용 TabItem4로 이동)	
		Touch.Gesture.Standard.Right	ChangeTabAction1
		(윤동주 TabItem1로 이동)	

상위 오브젝트	오브젝트	속성	값 (또는 설명)
TabControl2	TabItem4	Touch.GestureManager	GestureManager1
		Touch.Gesture.Standard.Left	ChangeTabAction5
		(다음 내용 TabItem5로 이동)	
		Touch.Gesture.Standard.Right	ChangeTabAction3
		(이전 내용 TabItem3로 이동)	
TabControl2	TabItem5	Touch.GestureManager	GestureManager1
		Touch.Gesture.Standard.Left	ChangeTabAction6
		Touch.Gesture.Standard.Right	ChangeTabAction4
TabControl2	TabItem6	Touch.GestureManager	GestureManager1
		Touch.Gesture.Standard.Left	ChangeTabAction3
		(더이상 뒤가 없으므로 처음 내용 TabItem3로 이동)	
		Touch.Gesture.Standard.Right	ChangeTabAction5

 Tip

표준 제스처와 인터렉티브 제스처

제스처는 표준 제스처와 인터렉티브 제스처가 있습니다.

표준 제스처는 아래의 오브젝트 인스펙터와 같이 가장 위에 보이는 왼쪽으로 쓸어 넘기기(Left, −) 에서 가장 아래의 오른쪽 화살표 꺾쇠(ShevronRight, 〉)까지 많은 표준 제스처가 들어 있습니다. 삼각형, 사각형, 체크표, 동그라미 등 원하는 제스처를 사용하면 됩니다. 각 제스처의 오른쪽에 그림으로 어떤 제스처인지 설명되어 있습니다.

인터렉티브 제스처는 멀티-터치와 같이 보다 복잡한 사용자 제스처입니다. 예를 들어 두개의 손가락을 이용하여 화면을 확대 (Zoom), 두번 터치하기 (DoubleTap) 등입니다. 인터렉티브 제스처는 Samples 폴더(시작 〉 모든 프로그램 〉 Embarcadero RAD Studio 〉

인터렉티브 제스처

표준 제스처

Samples) 아래의 Object Pascal 〉 Mobile Snippets 〉 InteractiveGestures 에 샘플이 있습니다.

FMX 모바일 앱이 아니라 VCL 데스크탑에서는 오브젝트 인스펙터에 있는 제스처 이외에 개발자가 원하는 제스처를 쉽게 추가할 수 있습니다. 하지만, FMX 모바일에서는 현재 이 기능을 막아두었습니다.

05 연결된 모바일 디바이스에서 실행 (Run > Run, 또는 F9 단축키)하고 탭간 이동이 잘되는지 확인합니다. 탭 컨트롤은 별도로 설정하지 않아도 탭 버튼을 누르면 해당 탭의 페이지로 이동합니다. 여기에 더하여 지금 우리는 탭 버튼을 누르지 않고 왼쪽 또는 오른쪽으로 쓸어 넘기는 제스처를 통해서도 탭 화면이 이동하도록 하였습니다. 그 결과 'TABITEM1윤동주' 페이지에서 오른쪽 넘기거나 'TABITEM2별헤는밤' 탭 버튼을 클릭하면 'TABITEM2별헤는밤' 페이지로 이동합니다.

 Tip

탭의 페이지가 바뀔 때 왼쪽 또는 오른쪽으로 '밀리면서' 바뀌는 이유는

탭 버튼을 누르든 제스처를 사용하든 탭이 바뀔 때 슬라이딩 방식으로 화면이 바뀔 것입니다. 이것은 일종의 애니메이션 효과입니다. TabChangeAction에는 Transition 속성이 있는데 이것의 기본 값이 'Slide'이기 때문입니다. 액션뿐만 아니라 여러 UI 컨트롤에서 애니메이션 효과를 개발자가 손쉽게 직접 구현할 수 있습니다. 델파이를 알면 알수록, 애니메이션 효과를 통한 보다 멋진 앱을 만드는 것에 대한 관심이 커질 것입니다.

06 이제 Button1을 클릭했을 때에도 'TABITEM2별헤는밤' 페이지로 이동하도록 하겠습니다. 가장 쉬운 방법은 Button1의 Action 속성에 ChangeTabAction2를 지정하는 것입니다.

상위 오브젝트	오브젝트	속성	값 (또는 설명)
TabItem1	Button1	Action	ChangeTabAction2

다시 실행을 하고 버튼을 클릭해 보십시오. 'TABITEM2별헤는밤'으로 이동하나요? 그런데 아마 문제가 하나 생겼을 것입니다. 버튼에 있던 텍스트가 'Go to TabItem2별헤는밤'이라고 변경되었습니다. Action 속성을 지정할 때 Text 속성도 같이 변경해 버렸기 때문입니다. 액션 속성을 지정할 때 주의할 점입니다. 이 문제를 해결하려면 다시 Text 속성을 직접 바꾸어주면 됩니다.

상위 오브젝트	오브젝트	속성	값 (또는 설명)
TabItem1	Button1	Text	클릭하면, 별헤는밤 탭으로 이동합니다

오브젝트 인스펙터의 Action 속성을 이용하지 않고 직접 코드에서 구현하는 방법이 있습니다. 이 경우에는 당연히 Text 속성이 임의로 바뀔 걱정도 없습니다.

먼저 오브젝트 인스펙터에서 Button1의 Action 속성에 지정했던 값(ChangeTabAction2)을 지웁니다. 그리고 나서 Button1의 OnClick 이벤트 핸들러를 만들고, 그 안에 코드로 속성, 메소드, 액션을 직접 지정하고 실행해보세요.

- 방법 1, 코드에서 ActiveTab 속성에 원하는 탭의 오브젝트 명을 직접 지정

  TabControl1.ActiveTab := TabItem2;

- 방법 2, 코드에서 TabIndex 속성에 원하는 탭의 순번을 직접 지정

  TabControl1.TabIndex := TabControl1.TabIndex+1; //현재 Active 된 탭의 다음 탭

- 방법 3, 코드에서 Next() 메소드 직접 실행

  TabControl1.Next();

- 방법 4, 코드에서 원하는 액션의 ExecuteTarget을 직접 실행, 이때 Sender는 Button1

  ChangeTabAction2.ExecuteTarget(Sender);

위의 코드 4가지 각자가 잘 수행되는 지 하나씩 실행해봅니다. 델파이는 일관성을 유지하면서도 이와 같이 개발자가 다양한 방식으로 구현할 수 있도록 되어 있습니다.

지금까지 모바일에서 탭을 사용하는 방법을 살펴보았습니다. 지금 설명된 것 이외에도 TTabItem의 탭에 이미지 아이콘을 넣을 수 있는 CustomIcon 속성, 다양한 스타일을 적용하는 StyleLookup 속성 등 자세 한 내용은 필요할 때 도움말 등을 이용하여 쉽게 파악할 수 있을 것입니다.

Samples폴더 > Object Pascal > Mobile Samples > User Interface > TabSlideTransition 을 활용하면 탭을 이용한 전개에 대해 보다 잘 이해할 수 있습니다. 이 예제에는 숫자 패드, 이메일 패드 등 각 입력 창에 알맞는 다양한 키보드 타입도 사용됩니다.

2. TLayout, TToolbar, TPanel: 자주 사용되는 컨테이너용 UI 컨트롤

앞에서 탭 페이지 안에 UI 컨트롤을 넣어서 화면을 구성해 보았습니다. 이때 탭 페이지 (TTabItem)는 일종의 컨테이너 역할을 합니다. 모바일에서 많이 사용되는 컨테이너로는 툴바, 패널, 레이아웃 등이 있습니다. 툴바(TToolbar)는 앱의 위쪽이나 아래쪽에 주로 배치하며 타이틀 역할을 하거나 버튼이나 입력 창 여러 개를 모아두는 컨테이너 역할로 많이 사용됩니다. 툴바는 각 플랫폼의 툴바 스타일을 바로 적용할 수 있습니다. 패널(TPanel)도 여러 컨트롤들을 모아둘 때 사용됩니다. 하지만 툴바와는 달리 배경이 투명합니다.

레이아웃(TLayout)은 UI 컨트롤을 잘 배치하기 위한 하나의 바탕으로 많이 사용됩니다. 일반적으로 하나의 레이아웃을 두고 그 안에서 화면 전체 또는 화면의 일부를 배치합니다. 앞에서 탭이 계층형으로 중첩하여 사용된 것과 마찬가지로 레이아웃도 중첩하여 사용되는 경우가 많습니다.

델파이 모바일 UI 컨트롤은 기본적으로 컨트롤이 다른 컨트롤을 얼마든지 포함할 수 있도록 설계되어 있습니다. 즉 어떤 UI 컨트롤도 다른 컨트롤의 컨테이너가 될 수 있습니다. 버튼 (TButton)과 같이 그 목적 자체가 컨테이너가 아닌 경우일지라도 그 안에 이미지를 넣고 그 이미지 안에 다시 레이블이나 텍스트를 넣을 수 있습니다. 이렇게 얼마든지 계층 관계를 가져갈 수 있는 점은 델파이 모바일 개발의 큰 장점입니다. (델파이 컨트롤 중에서는 의도적으로 이러한 계층 관계에 제약을 두는 경우도 있습니다. 예를 들어 이 장의 가장 뒤에 설명되는 TListView는 개발자에 의한 과도한 성능 손실을 방지하고 컨트롤이 목적에 맞게 사용되도록 하기 위해 일부러 제약을 두었습니다)

|||||||| **따 라 하 기** ||||||||||||||||||||||||||||||||||||||||||||||||||||||||||||||||||||||||||

지금은 모바일 화면에서 컨테이너로 많이 사용되는 레이아웃(TLayout), 툴바(TToolbar), 패널 (TPanel)을 배워봅니다. 아울러 화면의 배치를 위한 마진(Margin), 패딩(Padding), 앵커 (Anchor) 등의 속성에 대해서도 실습을 통해서 익혀봅니다.
아래 그림은 완성된 구조입니다. 스트럭처 뷰를 잘 봐두면 보다 쉽게 실습할 수 있습니다.

File > New > Multi-Device Application - Delphi (XE6 이하버전은 FireMonkey Mobile Application - Delphi) > Blank Application을 클릭합니다.

01 폼에 TLayout, TToolbar, TPanel을 추가합니다.

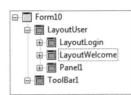

– TLayout: LayoutUser, LayoutLogin, LayoutWelcome

– TPanel: Panel1

– TToolBar: ToolBar1

이때 구조는 오른쪽 스크럭처 뷰와 같도록 합니다.

Panel1과 Toolbar1처럼 화면을 위해 필요하지만 코드에서 사용하지 않는 오브젝트는 이름을 붙이려고 노력할 필요가 없습니다.

02 다음과 같이 설정합니다. 화면 구성 실습이므로 값의 설명을 잘 읽으면서 진행하세요. 특히 패딩(Padding) 속성을 잘 보십시요.

상위 오브젝트	오브젝트	속성	값 (또는 설명)
Form1	ToolBar1	Align	MostTop (폼에서 가장 위쪽)
		Padding.Bottom	4 (안에 있는 자식 컨트롤들이 자동 맞춤될 때, 컨테이너 바깥 테두리까지 붙지 않도록 안쪽으로 확보할 여유 공간)
		Padding.Left	
		Padding.Right	
		Padding.Top	
	LayoutUser	Align	Client (폼에서 ToolBar1 이외의 모든 영역)
LayoutUser	Panel1	Align	MostTop (레이아웃에서 가장 위쪽)
		Height	85 (툴바와 비교되도록 일부러 지정)
		Padding.Bottom	4 (자식 컨트롤의 Align이 None인 경우에는 Padding이 있어도 적용되지 않음)
		Padding.Left	
		Padding.Right	
		Padding.Top	
LayoutUser	LayoutLogin	Align	Client (LayoutUser에서 Panel1 이외의 모든 영역)
		Padding.Bottom	10 (일부러 조금 넓게 설정해 봅니다)
		Padding.Left	
		Padding.Right	
		Padding.Top	
	LayoutWelcome	Align	Client

03 화면의 가장 위쪽에 있는 툴바에 버튼을 2개 추가합니다. 그리고 나서 이 버튼들이 툴바 아래에 있는 LayoutUser를 보이거나 숨기도록, 버튼을 각각 더블 클릭하여 OnClick 이벤트 핸들러를 만들고 다음 코드를 추가합니다. 이 책에서는 버튼에 이름을 붙일 때, 'btn'으로 시작하겠습니다.

특히 마진(Margins) 속성을 잘 보십시오. 레이아웃의 Visible 속성을 False로 주면 레이아웃 안에 있는 '모든 것'을 숨길 수 있습니다. 따라서 레이아웃과 같은 컨테이너에서 많이 활용됩니다.

상위 오브젝트	오브젝트	속성	값 (또는 설명)
ToolBar1	btnHideLayoutUser	Align	Right
		Text	전체 숨김
		Width	100
		[OnClick 이벤트 핸들러 코드] // LayoutUser를 숨깁니다. LayoutUser.Visible := False;	
	btnShowLayoutUser	Align	Client
		Text	전체 표시
		Margins.Right	4 (오른쪽에 있는 컨트롤과의 거리, 그 결과 숨김 버튼과 4픽셀의 공간 확보)
		[OnClick 이벤트 핸들러 코드] // LayoutUser를 보이도록 합니다. LayoutUser.Visible := True;	

Tip

화면 조정을 이해하려면 Padding, Margin, Anchor 속성을 이해해야 합니다.

패딩(Padding)은 컨테이너 오브젝트에 지정합니다. 패딩이 지정되면 그 자식 컨트롤들은 컨테이너 오브젝트의 테두리로부터 지정된 값만큼 안쪽으로 들어와서 배치됩니다. 예를 들어 물건을 담을 상자의 안쪽 면에 공기주머니를 붙이는 것을 연상하면 됩니다.

마진(Margin)은 다른 컨트롤과 서로 붙지 않도록 거리를 확보하기 위한 공간입니다. 예를 들어 상자에 물건을 담을 때 다른 물건과 부딪치지 않도록, 물건의 바깥쪽을 공기주머니로 감싸는 것과 같습니다.

앵커(Anchor)는 닻을 내린다는 의미입니다. 배가 닻을 내리면 닻이 놓여진 곳에서부터의 거리를 항상 유지하게 되는 것과 같습니다. 예를 들어 Anchors.Left를 True로 주면, 컨테이너의 왼쪽면과의 거리가 항상 동일하게 유지됩니다. 각 컨트롤의 Align 속성을 None, Left, Top 등으로 주면서 컨트롤의 네 방향에 대한 Anchor 속성이 어떻게 변하는지 잘 관찰하세요. 앵커 속성은 패딩, 마진과 마찬가지로 개발자가 직접 지정할 수 있습니다. Align 지정에 따라 Anchor 속성이 자동 설정되었더라도 오브젝트 인스펙터에서 다시 설정을 할 수 있습니다.

04 이제 LayoutUser 안에 있는 두개의 레이아웃(LayoutLogin과 LayoutWelcome)을 제어
하기 위한 버튼 3개를 Panel1에 추가합니다.

상위 오브젝트	오브젝트	속성	값 (또는 설명)
Panel1	btnShowLayoutLogin	Align	MostLeft
		Text	화면1 만
		Width	100
		Margins.Right	4

		[OnClick 이벤트 핸들러 코드]
		// 화면1(LayoutLogin)는 보이고
		// 화면2(Layoutwelcome)는 숨깁니다
		LayoutLogin.Visible := True;
		LayoutWelcome.Visible :=False;	

	btnShowLayoutWelcome	Align	Left
		Text	화면2 만
		Width	100
		Margins.Right	4

		[OnClick 이벤트 핸들러 코드]
		// 화면2(Layoutwelcome)가 보이고
		// 화면1(LayoutLogin)은 숨깁니다
		LayoutWelcome.Visible := True;
		LayoutLogin.Visible :=False;	

	btnShowBoth	Align	Client
		Text	두 화면 동시에 표시

		[OnClick 이벤트 핸들러 코드]
		// 보이고 화면1(LayoutLogin)과
		// 화면2(Layoutwelcome) 모두 동시에 보입니다
		LayoutWelcome.Visible := True;
		LayoutLogin.Visible := True;	

05 이제 LayoutUser 안에 있는 두개의 레이아웃(LayoutLogin과 LayoutWelcome) 각각의
화면을 구성하겠습니다. 지금은 각 레이아웃을 위한 설명이므로 각 페이지 내용은 매우 간
단히 하겠지만, 실전에서는 이와 같은 방식으로 '로그인', '회원가입', '환영 메시지' 등을 만
들 때 레이아웃을 활용할 수 있을 것입니다.

먼저 LayoutLogin의 화면을 구성합니다. 이 화면에서 사용자는 이메일과 비밀번호를 입력
하고 로그인 버튼을 클릭할 수 있습니다. 이 실습에서 버튼의 기능은 구현하지 않습니다.

상위 오브젝트	오브젝트	속성	값 (또는 설명)
LayoutLogin	Label1	Align	MostTop
		Text	이메일
		Height	20
		Margins	10 (Bottom, Left, Right, Top 모두)
	Edit1	Align	MostTop (Label1 아래에 두고 설정)
		Height	32
		KeyboardType	EmailAddress (이메일 입력용 키보드) URL ▼ Alphabet Default EmailAddress NamePhonePad NumberPad NumbersAndPunctuation PhonePad URL 다양한 가상 키보드 타입
		Margins	10 (Bottom, Left, Right, Top 모두)
	Label2	Align	Top
		Text	비밀번호
		Height	20
		Margins	10 (Bottom, Left, Right, Top 모두)
	Edit2	Align	Top (Edit1 아래에 두고 설정)
		Height	32
		KeyboardType	EmailAddress (이메일 입력용 키보드)
		Password	True (입력 내용이 특정 기호로만 표시)
		Margins	10 (Bottom, Left, Right, Top 모두)
	btnLogin	Align	Client
		Text	로그인
		Margins	10 (Bottom, Left, Right, Top 모두)

앞에서 LayoutLogin의 Padding 속성을 네 방향 모두에 10 픽셀씩 주었습니다. 그리고 추가한 LayoutLogin 안의 모든 컨트롤은 Align을 자동 조정되는 것들로 설정되었고 각각의 마진(Margins)을 네방향 모두 4 픽셀씩 주었습니다. 그 결과 LayoutLogin의 테두리에서 안쪽으로 14 픽셀 들어와서 배치됩니다. 그리고 각 컨트롤 간은 8 픽셀씩 거리가 생깁니다. (참고로, Align을 None으로 지정한 경우에는 무조건 컨테이너의 왼쪽 위로부터의 거리를 유지하며, 패딩은 무시됩니다)

06 마지막으로 LayoutWelcome 화면을 구성하겠습니다.
간단히 이미지(TImage) 하나만 넣겠습니다. 그리고 TImage에 간단한 속성과 애니메이션
을 설정해봅니다.

상위 오브젝트	오브젝트	속성	값 (또는 설명)
LayoutWelcome	Image1	MultiResBitmap	컴퓨터에서 원하는 사진을 선택합니다. (bmp, jpg, png, gif 등 다양한 형식의 이미지를 넣을 수 있습니다.)
		Opacity	0.5 (50% 투명도 적용)
		RotationAngle	삼각형 화살표 클릭 〉 Create New TfloaAnimation (Image1 아래로 FloatAnimation1 이 생기고, 오브젝트 인스펙터에는 FloatAnimation1의 속성이 나옵니다. RotationAngle 즉 회전 각도에 애니메이션을 주겠습니다.)
	FloatAnimation1	Propertyname	RotationAngle (Image1.RotationAngle 속성에서 애니메이션을 추가하였으므로, 이미 RotationAngle로 설정되어 있음. 삼각형 화살표를 클릭해보면 애니메이션이 적용될 수 있는 더 많은 속성을 볼 수 있습니다)
		AutoReverse	True (애니메이션이 정방향 역방향 순서로 반복)
		Duration	2 (애니메이션 1회가 진행되는 시간, 초)
		StartValue	0 (0도에서)
		StopValue	360 (360도까지)
		Loop	False (애니메이션 1회 즉 2초만 진행하고 종료됨, True로 하게 되면 무한 반복)

07 오브젝트 인스펙터에서 FloatAnimation1.Loop가 'False'이므로 처음 한번만 실행됩니다. '화면2만'버튼(btnShowLayoutWelcome)을 클릭하여 이미지가 있는 레이아웃이 나타날 때에도 이미지가 회전하도록 버튼 클릭 이벤트 핸들러에 다음 코드를 추가합니다.

```
procedure TForm1. btnShowLayoutWelcome (Sender: TObject);
begin
LayoutWelcome.Visible := True;
LayoutLogin.Visible :=False;
FloatAnimation1.Start;
end;
```

08 이제 실행(Run, F9)하고 아래 내용들을 확인합니다.

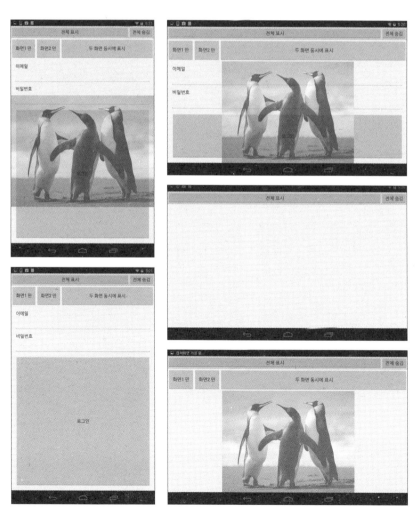

디바이스의 방향을 가로와 세로로 바꾸어 보면서 화면이 어떻게 대응하는 지를 살펴봅니다. 각 버튼을 클릭하면서 레이아웃이 잘 숨거나 표시되는 지를 확인합니다. 이와 같이 레이아웃은 화면의 특정 영역을 하나의 단위로 묶기 위해 사용됩니다. 델파이에 들어있는 샘플들에 대부분 레이아웃이 사용되므로 샘플을 많이 접하면 레이아웃의 용도를 쉽게 이해할 것입니다.

이미지가 모바일 디바이스에서도 잘 보이는지 확인합니다. 델파이 개발툴에서 사용된 이미지는 이와 같이 자동으로 배포파일에 함께 들어갑니다.

이미지의 애니메이션이 원하는 대로 동작하는지 확인합니다.

이메일 입력창을 클릭하면 표시되는 키보드가 '@'을 포함하는 이메일 형식인지를 확인합니다. 비밀번호 입력창을 클릭하면 표시되는 키보드가 한글 키보드가 아니라 비밀번호 용 키보드로 표시되는지를 확인합니다. 그리고 입력한 내용이 *과 같이 기호로 표시되는지 확인합니다.

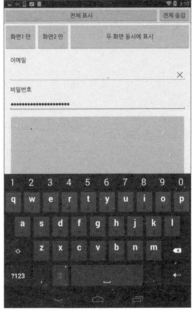

XE7 이후에는 각 디바이스 별로 보다 세밀하게 화면을 설정할 수 있습니다.

XE7이후에는 마스터뷰 이외에 각 디바이스에 따라 각각 보다 세밀하게 화면을 설정할 수 있습니다. 이 코드는 구글 넥서스 패드에 맞추어져 있습니다. 여러분이 연결한 디바이스의 화면에도 잘 적용되겠지만, 마음에 들지 않는다면 폼 디자이너 위쪽에 있는 Views를 여러분의 장비에 맞게 맞춘 후 조정 하십시오. 이렇게 오버라이딩 된 디바이스 별 화면은 별도의 FMX 파일로 관리됩니다.

동시에 다양한 애니메이션을 적용할 수도 있습니다.

실습에서 Image1에 회전 애니메이션만을 주었습니다. Image1의 오브젝트 인스펙터에서 필름 모양을 가진 속성에서는 해당 속성에 대한 애니메이션 효과를 얼마든지 추가할 수 있습니다.

예를 들어 Image1.Opacity 속성에서 새로운 애니메이션을 추가하면 FloatAnimation2가 생길 것입니다. 이것의 StartValue를 0(완전 투명)으로 시작하고 StopValue를 0.5로 주고, AutoReverse를 True로 한 후, Duration을 회전 애니메이션과 동일하게 2초로 맞추고 btnShowLayoutWelcome 의 OnClick 이벤트 핸들러에서 FloatAnimation2.Start 코드를 추가한 후 다시 실행해 보세요.

2초 동안 Image1이 회전하는 동안 동시에 점점 진하게 나타났다가 흐려지기를 반복할 것입니다.

이와 같이 다양한 애니메이션을 활용하면 여러분의 앱이 훨씬 멋지게 보일 것입니다. 애니메이션은 '멋진 앱을 만드는 워크북' 형식으로 곧 출간될 이 책의 후속 편에서 더 많이 다룰 것입니다. 하지만, 지금이라도 몇 가지 애니메이션을 오브젝드 인스펙터에서 직접 넣어보는 것도 좋겠습니다. 꼭 이미지가 아니라도 모든 UI 컨트롤에 애니메이션을 추가할 수 있습니다.

TLayout은 구성한 화면 레이아웃을 재사용하기도 좋습니다. 함께 해보겠습니다.

01 위에서 진행한 프로젝트에 모바일 폼을 새로 하나 더 추가하겠습니다. (모바일 애플리케이션이 아니라 모바일 폼을 추가하는 것입니다). 프로젝트 매니저에서 '프로젝트명.exe'를 마우스 오른쪽 클릭 > Add New > Multi-Device Form > HD Form을 선택합니다. (File > New > Multi-Device Form > HD Form 을 클릭해도 됩니다).

02 저는 기존의 폼이 Unit10에 있었습니다. 새로 Unit14가 만들어졌습니다. 이 안에 새 폼인 Form14이 들어있습니다. 뒤에 붙는 숫자는 순서대로 추가하는 것이므로 여러분의 폼에 붙는 숫자는 다를 수 있습니다. 물론 유닛과 폼의 이름은 얼마든지 수정할 수 있습니다.

03 기존의 폼이 있는 유닛을 프로젝트 매니저에서 더블 클릭합니다. 폼 개발 환경이 기존 유닛에 맞추어 집니다. 이제 스트럭처 뷰에서 LayoutUser를 선택하고, 마우스 오른쪽 클릭 > Edit > Copy 합니다. (또는 Ctrl+C 단축키)

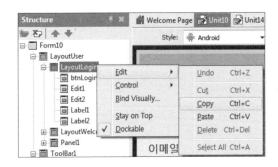

04 새 폼이 있는 유닛을 프로젝트 매니저에서 더블 클릭합니다. 그리고 나서 스트럭처 뷰에서 새로 추가된 Form을 선택하고 마우스 오른쪽 클릭 > Edit > Paste 합니다. (또는 Ctrl+V 단축키)

05 새 폼에 LayoutUser 레이아웃이 모두 추가 됩니다. 새 폼을 기존 폼과 비교하면 복사하지
    않은 ToolBar1만 없을 뿐 나머지 모습은 완전히 동일합니다. (Tip, 버튼 클릭 등 기능이
    나 이벤트는 복사되지 않고 오직 화면 요소만 복사되므로, 새 화면에서 동일하게 또는 새
    롭게 기능을 구현할 수 있습니다.)

06 아래 Tip에 따라 새 폼을 메인 폼으로 지정한 후, 실행하면 (Run 또는 F9) 새 폼이 화면에
    표시됩니다. 복사한 레이아웃 안의 화면이 그대로 표시됩니다.

 Tip

메인 폼을 지정하려면

모바일 앱에는 이와 같이 2개 이상의 폼들
을 가지는 경우가 많습니다. 여러 개의 폼
들 중에서 앱이 실행될 때 처음 화면에 표
시되어야 하는 폼을 메인 폼(Main Form)이
라고 합니다. 메인 폼 지정은 프로젝트 옵
션에서 할 수 있습니다.

– 메인 메뉴 〉 Project 〉 Options 〉 Forms
  에서 Main Form으로 지정

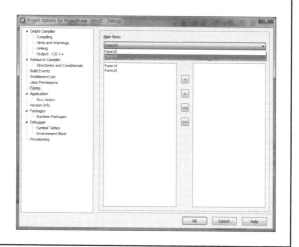

TLayout 이나 TForm 이외에도 TFrame 컨트롤도 매우 편리하므로 많이 사용됩니다. TFrame 은 뒤에서 다룹니다.

3. TWebBrowser로 나만의 인터넷 브라우저 만들어 보기

웹 애플리케이션은 운영 체제와 관계 없이 웹 서버에서 전달된 HTML과 자바스크립트를 바로 해석하여 실행할 수 있는 웹 브라우저 즉 인터넷 익스플로러, 크롬, 사파리 등만 있으면 어디서나 실행될 수 있습니다. (실제로는, 웹 브라우저의 종류와 버전에 따라 지원되는 웹 표준이 조금씩 다르기 때문에 호환성 문제에서 완벽하게 자유롭다고 보기는 어렵습니다)

웹 애플리케이션은 웹 브라우저와 스크립트 기반으로 제한되기 때문에 기능이나 성능에 제약이 있습니다. 따라서 웹 애플리케이션에서는 한계를 극복하기 위해 액티브 엑스 등과 같이 네이티브 앱을 연결하여 실행하는 기술이 많이 사용되었습니다. 하지만 요즘은 액티브 엑스와 같은 기술 사용을 자제하고 있습니다. 오히려 제한적이더라도 웹 애플리케이션은 그 사상에 맞도록 웹 표준을 더욱 중요시하여 개발하는 추세입니다.

이와 달리 네이티브 앱은 사용자가 명시적으로 설치합니다. 네이티브 앱에서 구현된 모든 기능을 사용할 수 있습니다. 이 네이티브 앱에 웹 브라우저를 넣으면 인터넷에서 웹 페이지를 불러올 수 있습니다.

델파이에는 TWebBrowser 컴포넌트가 있습니다. 이 컴포넌트를 사용하면 웹 브라우저를 앱 안에 넣을 수 있습니다. 그리고 앱 안에 있는 웹 브라우저를 개발자가 원하는 주소를 코드를 통해 여러 가지 방식으로 제어할 수도 있습니다.

|||||||| **따 라 하 기** ||||||||||||||||||||||||||||||||||||||||||||||||||||||||||||||||||||||||||||

지금 실습은 주소 창을 가진 일반 웹 브라우저 형태로 사용자가 주소를 넣고 웹 페이지를 열어 볼 수 있도록 만들어 보겠습니다. 그리고 적절한 이벤트와 코드로 웹 브라우저를 제어합니다. 아래의 완성된 화면과 스트럭처 뷰, 그리고 실행 화면을 잘 보신 후 단계별로 진행하십시오.

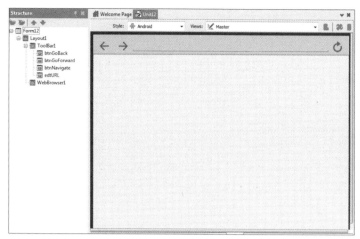

File > New > Multi-Device Application - Delphi (XE6 이하버전은 FireMonkey Mobile Application - Delphi) > Blank Application을 클릭합니다.

01 위의 스트럭처 뷰와 같도록 TLayout(화면 배치), TToolBar(윗쪽 툴바), TButton(뒤로, 앞으로, 열기) 3개, TEdit(주소 창), TWebBrowser(웹 브라우저 화면)를 추가합니다.

02 UI를 완성하기 위해 아래 순서로 진행합니다.

상위 오브젝트	오브젝트	속성	값 (또는 설명)
Form1	Layout1	Align	Client
Layout1	ToolBar1	Align	Top
	WebBrowser1	Align	Client
ToolBar1	btnGoBack	Align	MostLeft
		StyleLookup	priortoolbutton
	btnGoForward	Align	Left
		StyleLookup	nexttoolbutton
	edtURL	Align	Client
		Margins.Top	4
	btnNavigate	Align	Right
		StyleLookup	refreshtoolbutton

03 폼과 버튼에 이벤트 핸들러 코드를 작성합니다.

[Form1.OnShow]

폼이 화면에 처음 표시될 때는 OnShow 이벤트를 사용합니다. 이때, 데브기어 홈페이지를 웹 브라우저에 표시합니다.

```
procedure TForm1.FormShow(Sender: TObject);
begin
    WebBrowser1.Navigate('www.devgear.co.kr'); //문자열은 홑 따옴표로 감쌉니다.
end;
```

[btnGoBack.OnClick]

뒤로 가기 버튼이 클릭될 때, 현재 화면 이전에 열었던 웹 화면을 웹 브라우저에 표시합니다.

```
procedure TForm1. btnGoBackClick (Sender: TObject);
begin
    WebBrowser1. GoBack ;
end;
```

[btnGoForward.OnClick]

앞으로 가기 버튼이 클릭될 때, 현재 화면의 다음에 열었던 웹 화면을 웹 브라우저에 표시합니다.

```
procedure TForm1. btnGoForwardClick (Sender: TObject);
begin
    WebBrowser1. GoForward;
end;
```

[btnNavigateClick.OnClick]

새로고침 버튼이 클릭될 때, 주소 창(edtURL)에 있는 주소의 웹 페이지를 웹 브라우저에 표시합니다.

```
procedure TForm1.btnNavigateClick(Sender: TObject);
begin
    WebBrowser1.Navigate(edtURL.Text);
end;
```
(혹시 버튼 클릭이 아니라 웹 주소를 다 작성하고 키보드에서 완료 버튼을 클릭할 때 이 동작이 발생되도록 하려면 edtURL의 OnChange 이벤트를 이용하면 됩니다)

[WebBrowser1.DidStartLoad]

웹 브라우저가 웹 페이지를 로딩하기 시작할 때, 주소 창(edtURL)에 해당 주소가 표시되도록 합니다. 이 이벤트는 어느 버튼을 실행하든지 일단 WebBrowser1에 내용이 표시될 때마다 실행되므로, 표시된 웹페이지와 주소 창이 항상 일치하게 됩니다.

```
procedure TForm1.WebBrowser1DidStartLoad(ASender: TObject);
begin
    edtURL.Text := WebBrowser1.URL;
end;
```

간단히 나만의 웹 브라우저를 만들어 보았습니다. 실행하여 잘 작동하는지 확인합니다. Samples폴더 > Object Pascal > Mobile Snippets > WebBrowser에도 유사한 샘플이 있습니다.

 Tip

앱을 가로(또는 세로)로만 고정시키려면

모바일 앱의 목적 상 반드시 가로(또는 세로)로 화면을 고정시키고 싶다면 프로젝트 옵션에서 설정할 수 있습니다.

– 메인 메뉴 > Project > Options > Application > Orientation에서 지정 (복수 선택 가능)

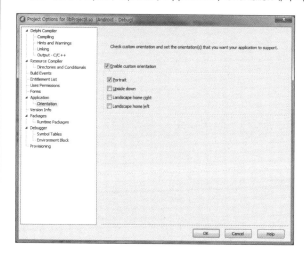

위 그림처럼 프로젝트 옵션에서 설정한 내용은 .dproj 파일에 저장됩니다. (즉 프로젝트 파일에서 직접 설정할 수도 있습니다). 프로젝트 메니저에서 프로젝트를 선택하고 마우스 오른쪽 클릭 > View Source를 하면 아래 코드가 있을 것입니다(이것은 위에서 Portrait만 체크한 것과 같습니다)

Application.FormFactor.Orientations := [TFormOrientation.Portrait];

Tip

가로 세로에 따라 코드로 화면을 제어하려면

델파이는 코드를 통해 얼마든지 깊이 있게 제어할 수 있는 것이 장점입니다. 가로 세로 화면 변경에 따라 코드로 제어하는 것은 델파이 설치 시 함께 제공되는 샘플을 참고 하십시오. Samples폴더 〉 Object Pascal 〉 Mobile Samples 〉 User Interface 〉 Forms에 있습니다.

이 샘플에서 LandscapeForm과 PortraitForm 각각의 OnResize 이벤트 핸들러를 보면 사용자 화면이 가로 또는 세로로 바뀔 때 이에 맞게 가로 폼 또는 세로 폼을 표시하는 코드가 있습니다. 그리고 이 샘플을 볼 때에는 두 개의 폼 모두 FormFactor.Devices와 FormFactor.Orientation 속성의 모든 값이 False로 되어 있는 것도 꼭 확인하십시오.

4. TListBox, TListView

TListBox는 목록 형태의 화면을 만들 때 가장 많이 사용됩니다. 스마트폰의 '설정(Settings)'과 같은 화면을 TListBox로 손쉽게 만들 수 있습니다.

Samples폴더 〉 Object Pascal 〉 Mobile Samples 〉 User Interface 〉 Settings Project에 보면 아래와 같은 샘플 프로젝트가 있습니다. 이것을 참고하면 헤더, 항목 그룹 지정 등을 쉽게 파악할 수 있습니다.

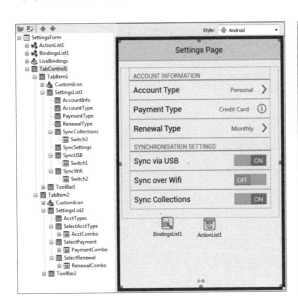

TListBox는 카카오톡의 대화상대, 채팅 등 목록 형식이 되면서 각 항목에 이미지, 이름, 상세 설명, 버튼, 입력 창, 선택 창 등의 다양한 컨트롤이 들어가야 하는 경우에도 사용하기 좋습니다. TListBox 각 항목에는 이미지, 버튼, 레이블 뿐만 아니라 기본적으로 모든 UI 컨트롤을 넣을 수 있습니다.

여기에 파이어몽키 스타일을 적용하면 매우 세련되고 다양한 화면을 만들 수 있습니다.

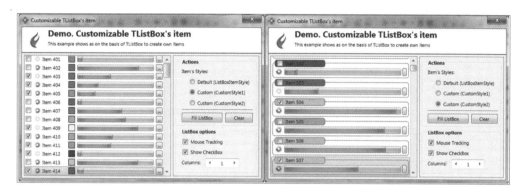

예를 들어 델파이로만 개발된 '스키장 정보와 랭킹' (2013년 안드로이드 앱 마켓 스포츠 순위 1위)의 아래와 같은 화면들이 TListBox로 구현된 것들입니다.

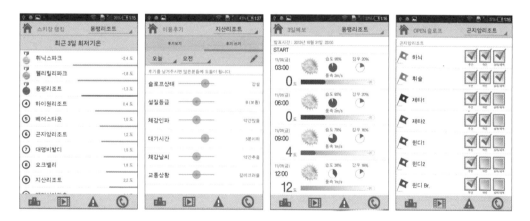

이와 같이 개발자가 얼마든지 다양하게 TListBox를 구현할 수 있는 이유는 TListBox 안에 넣고 싶은 것들을 오브젝트로 얼마든지 넣을 수 있기 때문입니다. 그 대신 TListBox에 너무 많은 항목을 한꺼번에 담으려고 하면 성능은 떨어집니다.

상대적으로 단순한 형태로 많은 목록을 표시하는 용도의 컨트롤은 TListView입니다. 이것은 TListBox보다 훨씬 가볍고 빠릅니다.

TListView에는 텍스트와 상세 설명 (Item.Text에 연결), 이미지(Item.Bitmap에 연결), 액세서리 아이콘(ItemEditAppearance 속성), 기타 그래픽이나 텍스트 버튼 등을 손쉽게 넣을 수 있습니다. CanSwipeDelete 속성을 True로 지정하면 사용자가 항목을 오른쪽에서 왼쪽으로 밀면 해당 항목에 삭제 버튼이 표시됩니다.

TListView가 TListBox 보다 빠르고 가벼운 이유는 TListBox가 그 안에 오브젝트를 얼마든지 넣을 수 있는 것과 달리, TListView는 위와 같이 정해진 속성에 대해서만 추가할 수 있기 때문입니다.

Samples폴더 > Object Pascal > Mobile Samples > User Interface > ListView에 TLsitView를 위한 여러 샘플 프로젝트들이 있습니다.

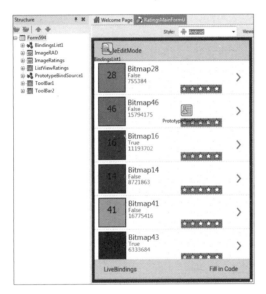

 Tip

샘플의 델파이 패키지 파일과 설치

ListView 샘플 중 몇 가지는 TListView의 ItemAppearance 를 추가하기 위해 별도로 만든 패키지를 사용하고 있습니다. 델파이 패키지를 사용하고 있는 샘플을 정상 작동시키려면 해당 델파이 패키지가 델파이에 먼저 설치되어 있어야 합니다. (델파이 패키지의 확장자는 .dpk 입니다)

샘플 폴더에는 프로젝트와 관련된 패키지임을 알기 쉽도록 .dpk 파일명과 .dpr(또는 .dproj) 파일명을 동일하게 맞추어 두었습니다. 이 샘플들은 다른 샘플과는 달리 .dpr(또는 .dproj) 프로젝트 파일을 열기 전에 같은 이름을 가진 .dpk 델파이 패키지 파일을 먼저 열고, 프로젝트 매니저에서 델파이 패키지 프로젝트 명을 선택하고 마우스 오른쪽 클릭 > Install 을 하여 패키지를 먼저 설치해야 합니다.

그 이후에 다시 델파이 프로젝트 파일을 열면 샘플을 정상적으로 열고 실행할 수 있습니다.

TListView의 기본 스타일은 항
목이 선택되었을 때와 그렇지 않
을 경우, 상세 설명이 있는 경우
와 없는 경우 등 각 화면이 플랫
폼에 알맞게 실행됩니다. 물론
여러분만의 스타일을 사용할 수
도 있습니다.

오른쪽 그림은 델파이의 ListView를 사용한 '날씨매니아' 앱의
화면입니다.

TListBox나 TListView는 리스트 형태의 화면을 만들 때 사용
하기 위한 컴포넌트 입니다. 하지만 반드시 이것들을 사용해야
만 한다는 제약은 없습니다. 오른쪽 화면은 '날씨매니아' 앱의
또 다른 화면입니다. 이것은 TText, TLine, TImage 등 원시
도형 오브젝트 등을 사용하여 직접 만든 것입니다. 여러분이 델
파이를 앞으로 마음껏 다룰 수 있는 수준이 된다면 생각하는
모든 것을 얼마든지 구현할 수 있습니다.

TListBox나 TListView의 룩앤필을 보다 멋지게, 그리고 보다 쉽게 적용하려면 파이어몽키 스타
일에 대해서도 충분히 이해하는 것이 도움이 될 것입니다. 파이어몽키 스타일을 꼭 따로 공부하
지 않아도, 이미 여러분은 스타일을 사용하고 있고 기본적인 네이티브 룩앤필을 가진 앱을 바로
만들 수 있습니다. 하지만, 엠바카데로의 기술문서를 통해 살펴보시기를 권장합니다. 이 책의 후
속 편에서는 스타일에 대해 보다 깊이 다루겠습니다.

스마트패드와 같이 화면이 큰 경우에는 리스트가 아닌 TGrid 컨트롤도 유용합니다.

5. 기타 파이어몽키 UI 컨트롤들

날짜 선택(TDateEdit), 달력(TCalendar), 시간 선택(TTimeEdit), 스위치 버튼(TSwitch), 진행 중 표시(TAniIndicator), 컨트롤 표시 영역 확대/축소 (TExpander), 회전 다이얼(TArcDial), 트랙바(TTrackBar), 스크롤 바(TScrollBar), 다양한 스크롤 박스(TScrollBox, TVertScrollBox, THozScrollBox, …) 등등 델파이에는 목적에 맞는 다양한 컴포넌트들이 들어 있습니다.

이 많은 컨트롤들에 대해서 이 책에서 모두 설명할 수는 없습니다. 각 컴포넌트에 대한 설명과 사용법은 도움말과 온라인의 여러 자료들을 보면 잘 이해할 수 있을 것입니다. 그리고 이 책 또는 후속 편을 통해 실습을 진행하는 과정에서 여러분은 자연스럽게 많은 컴포넌트를 사용하게 됩니다. 일단 여러분이 여기까지 잘 이해하고 따라왔다면, 델파이에서 모바일을 위한 파이어몽키 UI 컨트롤들을 찾고 사용할 수 있을 것입니다.

여러분이 델파이에 점점 더 익숙해 질 수록 더 다양한 컴포넌트를 사용할 수 있습니다. 지금 소개되지 않는 컨트롤들도 많이 사용해보기 바랍니다.

 Tip

샘플 폴더를 쉽게 여는 방법

델파이와 함께 설치된 샘플 프로젝트를 열어보는 가장 간단한 방법은 웰컴 페이지를 이용하는 것입니다. 델파이를 실행하거나 또는 델파이에 열려있는 모든 프로젝트를 File 〉 Close All 을 이용하여 모두 닫으면 웰컴 페이지가 작업화면에 표시됩니다. 여기에서 아래 그림과 Project 〉 Open Sample Project 를 클릭하면 샘플 프로젝트 폴더가 바로 열립니다.

7장

센서와 서비스로 스마트폰 제어하기

이 장에서는 스마트폰의 하드웨어 제어와 관련된 내용 중 카메라로 사진 찍기와 공유하기, GPS 위치 정보로 구글 지도를 연동하기, 그리고 전화 걸기와 Sound 효과 주기에 대해 다뤄 보겠습니다.

이제부터는 앞에서 언급된 내용 또는 굳이 설명이 필요 없는 것은 설명을 생략하겠습니다.

1. 카메라로 사진찍기

파이어몽키에서 스마트폰의 카메라를 이용한 사진 촬영 및 갤러리 연동과 공유 기능은 기본적인 액션에 모두 포함되어 있어 단지 액션의 메소드 호출만으로도 손쉽게 구현할 수 있습니다.

||||||| **따 라 하 기** ||||||||||||||||||||||||||||||||||||||||||||||||||||||||||||||||||||||||||||||||

01 File > New > Multi-Device Application - Delphi (XE6 이하버전은 FireMonkey Mobile Application - Delphi)을 실행하여 새로운 모바일 프로젝트를 생성하고 상단에 TToolbar를 추가하고 TSpeedButton 3개를 추가합니다. 각 버튼의 StyleLookup 속성을 각각 cameratoolbutton, searchtoolbutton, actiontoolbutton으로 설정합니다. (Tip! TSpeedButton이 TButton과 다른 점은 버튼이 클릭되고 나면 버튼에 포커스가 남아있지 않다는 것인데 모바일에서는 큰 의미가 없습니다. **혹시 이 따라하기에서 오류가 발생한다면 TSpeedButton 대신 TButton을 사용**하십시요)

02 Form1 위에 TImage를 추가하고 Align 속성을 Client로 지정합니다. 이미지를 화면에 꽉 차게 보이고 싶으면 TImage의 WrapMode 속성을 Stretch로 설정합니다.

03 카메라 및 포토 라이브러리 등의 미디어에 접근하는 기능은 Standard Action을 이용 합니다. Standard Action 사용을 위해 TActionList 컴포넌트를 폼에 배치합니다. 참고로 Action은 앞에서 설명하였듯이 사용자가 자주 사용하는 기능을 정의해 놓은 것입니다. 그리고 TActionList는 이러한 Action들을 리스트로 관리해 줍니다.

04 오브젝트 인스펙터에서 SpeedButton1의 Action 속성을 선택한 후 New Standard Action > Media Library > TTakePhotoFromCameraAction을 선택합니다.

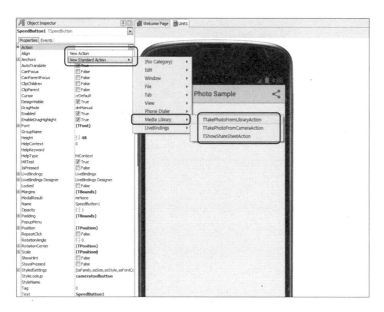

05 스트럭처 뷰에서 ActionList1을 확장하여 TakePhotoFromCameraAction1을 선택하고 오브젝트 인스펙터의 Events 탭에서 OnDidFinishTaking에 값을 넣는 입력 창을 더블 클릭하고 다음과 같이 이벤트 핸들러 소스 코드를 입력합니다.

```
procedure TForm1.TakePhotoFromCameraAction1DidFinishTaking(Image: TBitmap);
begin
  Image1.Bitmap.Assign( Image );
end;
```

06 같은 방법으로 SpeedButton2의 Action 속성에서 New Standard Action > Media Library로 TTakePhotoFromLibraryAction을 선택합니다.

07 TakePhotoFromLibraryAction1의 OnDidFinishTaking 이벤트 핸들러에 다음과 같이 소스 코드를 입력합니다.

```
procedure TForm1.TakePhotoFromLibraryAction1DidFinishTaking(Image: TBitmap);
begin
  Image1.Bitmap.Assign( Image );
end;
```

08 SpeedButton3의 Action 속성에서 New Standard Action > Media Library로 TShowShareSheetAction을 선택합니다.

09 ShowShareSheetAction1의 OnBeforeExecute이벤트 핸들러에 다음과 같이 소스 코드를 입력합니다.

```
procedure TForm1.ShowShareSheetAction1BeforeExecute(Sender: TObject);
begin
  ShowShareSheetAction1.Bitmap.Assign( Image1.Bitmap );
end;
```

10 안드로이드 앱으로 실행할 경우에는 타겟 플랫폼이 안드로이드 단말기로 지정이 되어 있는지 확인한 후 Project > Option > Uses Permissions 항목을 선택하여 Camera가 체크되어 있는지 확인합니다.

이와 같이 안드로이드 앱의 경우에는 카메라 등 기타 하드웨어 자원을 사용할 때는 반드시 Uses Permissions 항목을 체크하여야 합니다.

11 앱을 실행하여 테스트 해봅니다. SpeedButton1은 카메라를 작동하여 사진을 찍을 수 있고 SpeedButton2는 갤러리의 사진들을 불러올 수 있으며 SpeedButton3은 촬영한 사진을 모바일 기기에 설치된 다른 앱과 연동하여 공유가 가능하도록 작동되는지 확인해 봅시다.

 Tip

표준 액션 (Standard Action)을 수행할 수 없는 경우에는 버튼이 숨겨집니다.

카메라가 없는 스마트 디바이스라면 '사진찍기 버튼'(위 실습에서는 SpeedButton1)이 있어도 사진을 찍을 수 없을 것입니다. 표준 액션은 이러한 상황을 스스로 파악하고 화면에서 이 버튼을 자동으로 숨깁니다.

2. GPS 위치 정보로 구글 지도 연동

파이어몽키의 위치 센서 컴포넌트를 이용하면 현재 자신이 위치한 지점의 위경도 좌표를 읽을 수 있고 이를 이용해서 구글에서 서비스하고 있는 지도에 매핑하는 앱 구현이 가능합니다. 구글 뿐만 아니라 국내 포털의 지도 서비스에서도 위경도 좌표로 지도와 연동하는 서비스와 주소 찾기 등 다양한 서비스들이 제공되고 있으니 여러 분야로 활용이 가능할 것입니다.

따 라 하 기

01 File 〉 New 〉 Multi-Device Application - Delphi (XE6 이하버전은 FireMonkey Mobile Application - Delphi)을 실행하여 새로운 모바일 프로젝트를 생성하고 상단에 TToolbar 를 추가하고 TSpeedButton 한 개를 추가합니다.

02 나머지 Form1의 영역에 TWebBrowser를 추가하고 Align 속성을 Client로 지정합니다.

03 TLocationSensor를 하나 추가하고 다음과 같이 속성을 지정합니다.

컴포넌트	속성	값
TLocationSensor	Accuracy	10
	Distance	10

04 LocationSensor1의 **OnLocationChanged** 이벤트 핸들러에 다음과 같은 소스를 입력합니다.

```
procedure TForm1.LocationSensor1LocationChanged(Sender: TObject; const
OldLocation, NewLocation: TLocationCoord2D);
var
  x, y, mapURL : string;
begin
  x := Format('%2.6f', [NewLocation.Latitude]);
  y := Format('%2.6f', [NewLocation.Longitude]);
  mapURL := Format( 'https://maps.google.com/maps?f=q&q=(%2.6f,%2.6f)',
                    [ NewLocation.Latitude, NewLocation.Longitude ] );

  WebBrowser1.Navigate( mapURL );
  LocationSensor1.Active := FALSE;
end;
```

05 SpeedButton1의 OnClick 이벤트 핸들러에 다음과 같이 입력합니다.

```
procedure TForm1.SpeedButton1Click(Sender: TObject);
begin
  LocationSensor1.Active := True;
end;
```

06 안드로이드 앱으로 실행할 경우에는 타겟 플랫폼이 안드로이드 단말기로 지정이 되어 있는지 확인한 후 Project > Option > Uses Permissions 항목을 선택하여 Access fine location 항목이 체크되어 있는지 확인합니다.

07 이제 실행한 후 스피드 버튼을 클릭하고 약간의 시간이 흐른 후 지도와 함께 현재 위치한 자신의 지역이 표시되는지 확인해봅니다. (디바이스의 GPS 상태에 따라 시간이 오래 걸리는 경우도 있습니다)

이와 같이 파이어몽키에서 제공되는 TLocationSensor로 부터 위경도 좌표 값을 받아 이 값을 구글에서 제공하는 지도 URL인 https://maps.google.com/maps?f=q&q=(x,y)에 대입하면 간단하게 현재 위치를 지도에 표시할 수 있습니다. 구글에서 제공하는 URL은 구글 정책에 따라 변경될 수 있으니 잘 확인하시기 바랍니다.

TLocationSensor에서 받아오는 위경도 값은 같은 지역이라 하더라도 미세하게 수시로 바뀌므로 원하는 좌표 값을 얻었으면 센서를 OFF 시켜주는 작업이 필요하므로 유의하시기 바랍니다. 그리고 스마트폰의 GPS 센서를 ON 시키게 되면 WIFI나 3G/LTE에서 획득하는 좌표보다 좀 더 정확하게 위경도 좌표 값 획득이 가능한 것으로 알려져 있습니다.

3. 전화 걸기와 사운드 효과 주기

이 절에서는 파이어몽키의 전화걸기 방법과 MP3 파일을 이용한 사운드 효과 주는 법에 대해 알아보도록 하겠습니다.

따라하기에 필요한 이미지와 'button.mp3' 파일은 제공되는 소스 코드를 참고하세요.

||||||| **따 라 하 기** |||||||||||||||||||||||||||||||||||||||||||||||||||||||||||||||||||||

01 그림을 참조하여 **TListBox**를 추가하고 가상의 전화번호부를 만듭니다.

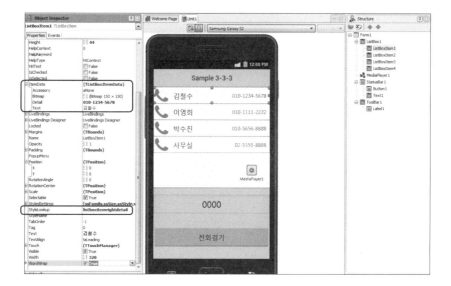

02 Form1의 하단에 **TText**와 전화걸기 버튼을 배치합니다.

03 **TMediaPlayer**를 배치 합니다.

04 ListBox1의 **OnMouseUp** 이벤트 핸들러를 생성합니다.

05 하단 전화걸기 버튼의 **OnClick** 이벤트 핸들러를 생성합니다.

06 Form1의 **OnCreate** 이벤트 핸들러를 생성합니다.
이곳에 사운드 효과음으로 사용할 Mp3 파일의 배포 경로를 지정하게 됩니다.

다음과 같이 소스를 입력합니다.

```
Private
Procedure Phone_Call(pNumber: string);
Public
end;

Uses
  FMX.Platform, FMX.PhoneDialer,System.IOUtils;  // 전화걸기

{$R *.fmx}

procedure TForm1.ListBox1MouseUp(Sender: TObject; Button: TMouseButton; Shift:
TShiftState; X, Y: Single);
begin
  Text1.Text :=  ListBox1.ItemDown.ItemData.Detail;

  MediaPlayer1.Clear;
  MediaPlayer1.FileName := TPath.Combine(TPath.GetDocumentsPath, 'button.mp3');
  MediaPlayer1.Play;
end;

procedure TForm1.Button1Click(Sender: TObject);
begin
  Phone_Call( Text1.Text );
end;

//----------------------------------------------------------------------------
procedure TForm1.Phone_Call( pNumber : string );
var
  PhoneDialerService : IFMXPhoneDialerService;
begin
  if pNumber = '' then exit;

  if TPlatformServices.Current.SupportsPlatformService( IFMXPhoneDialerService,
IInterface(PhoneDialerService) ) then
      PhoneDialerService.Call( pNumber );
end;
```

08 Project > Deploymemt 메뉴에서 효과음으로 사용할 button.mp3 파일을 배포하기 위해 추가합니다. (해당 파일은 샘플 프로젝트 경로에서 함께 제공됩니다.) 리모트 패스는 안드로이드의 경우 '.₩assets₩internal'로 설정하고 iOS의 경우에는 'StartUp₩Documents'로 지정합니다.

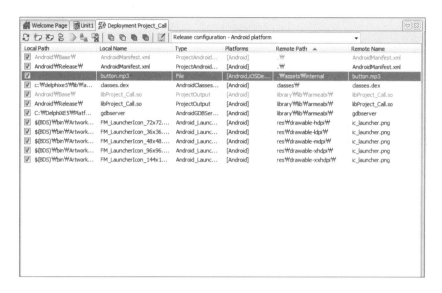

09 안드로이드 앱으로 실행할 경우에는 타겟 플랫폼이 안드로이드 단말기로 지정이 되어 있는지 확인한 후 Project > Options > Uses Permissions 항목을 선택하여 Call Phone 항목이 체크되어 있는지 확인합니다.

10 실행한 후 Listbox에서 선택된 항목에 저장된 전화번호로 전화걸기가 되는지 확인합니다.

이와 같이 전화걸기는 소스에서 제공되는 바와 같이 IFMXPhoneDialerService 클래스로 실행이 됩니다. 파이어몽키에서 기본 제공되는 TPlatformServices를 활용하여 구성한 Phone_Call 프로시저를 활용하여 전화걸기가 필요한 앱 구성에 활용하시기 바랍니다.

또한 Mp3 파일을 활용한 사운드 효과음은 **TMediaPlayer**로 간단하게 구현됩니다. Mp3 파일은 플랫폼에 무관하게 편리한 사용이 가능합니다. Mp3 파일이 아닌 경우에는 다음과 같이 플랫폼에 따라 구분해서 사용이 가능합니다.

- 윈도우 : .wav
- iOS와 맥 OS X : .caf
- 안드로이드 : .3GP

특정 플랫폼에서만 작동되는 코드를 작성할 때는 $IFDEF를 사용합니다.

```
{$IFDEF ANDROID}
// 이 부분의 코드는 안드로이드인 경우에만 해당되는 코드 영역
{$ELSE}
// 안드로이드가 '아닌' 모든 경우의 코드 영역
{$IFDEF IOS}
// iOS 인 경우에만 해당되는 코드 영역
{$ELSE};
// 안드로이드도 아니고 iOS도 아닌 모든 경우의 코드 영역
{$ENDIF IOS}
{$ENDIF ANDROID}
```

센서와 서비스로는 앞에서 설명된 카메라, 이미지 공유, GPS 위치 정보 이외에도 가속도계, 자이로스코프, 블루투스 등 다양합니다. 그리고 이에 대한 샘플은 Mobile Snippets와 Mobile Samples 아래의 폴더들을 참고하기 바랍니다.

– Samples폴더 〉 Object Pascal 〉 Mobile Snippets
– Samples폴더 〉 Object Pascal 〉 Mobile Samples 〉 Device Sensors and Services

8장

애니메이션과 효과 적용하기

이 장에서는 정적인 효과(Effect)와 애니메이션을 설명합니다. 각종 필터와
효과는 매우 쉽기 때문에 간단히 설명하기로 하고, 애니메이션 적용을 조금
깊이 다루어 보겠습니다.

'보기 좋은 떡이 먹기도 좋다' 라는 속담과 같이 모바일 앱이나 PC 앱 모두 기능뿐만 아니라 멋지
게 디자인된 화면(UI)과 사용자 경험(UX)이 점점 중요해지고 있습니다. 이 책에서도 앞에서 잠
시 TFloatAnimation을 이용하여 화면 전환이나 이미지 회전과 같이 애니메이션 효과를 간단히
적용해 보았습니다.

델파이로 모바일 앱이 가지는 장점 중 또 한 가지는 멋진 화면 효과를 쉽게 구현할 수 있다는 점
입니다. 2D, 3D, 이미지 변환, 화면 필터, 실시간 효과와 애니메이션 전환은 모든 UI 컨트롤에
바로 적용할 수 있습니다.

델파이는 이러한 효과가 적용되는 코드를 앱의 실행 파일에 자동으로 추가되고 이것은 그래픽
처리 장치 즉 GPU로 전달됩니다. 2002년 이후 출시된 PC 그리고 현재 시중의 스마트폰과 디바
이스들은 GPU를 거의 모두 가지고 있습니다. 그러므로 델파이로 만든 앱의 실시간 효과는 성능
이 매우 좋습니다.

이 장에서는 정적인 효과(Effect)와 애니메이션을 설명합니다. 각종 필터와 효과는 매우 쉽기 때
문에 간단히 설명하기로 하고, 애니메이션 적용을 조금 깊이 다루어 보겠습니다.

1. 다양한 효과 (Effect) 적용

앞에서 사용한 예제에 TGlowEffect, TBlurEffect, TRippleEffect 효과를 넣어 보았습니다.

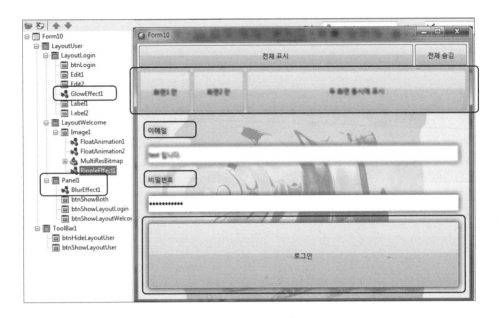

툴 팔레트의 검색창에서 'Effect'라고 입력하면 툴 팔레트의 Effects라는 카테고리가 펼쳐지면서 수십가지의 효과 컴포넌트가 표시됩니다. 이 중에서 TGlowEffect, TBlurEffect, TRipple Effect를 더블 클릭하여 폼에 추가 합니다. 그리고 스트럭처 뷰에서 위 그림과 같이 BlurEffect1 은 Panel1 안으로 끌어 놓아서 그 하위에 두고, GlowEffect1은 LayoutLogin 안으로 끌어 놓아서 그 하위에 둡니다. 마지막으로 RippleEffect1은 컨테이너 오브젝트가 아닌 Image1 안으로 끌어 놓아 하위에 둡니다.

이것을 실행하면 위의 폼 디자이너 그림과 같이 Panel1 아래에 있는 버튼 3개가 모두 BlurEffect 에 의해 흐리게 표시됩니다. 그리고 LayoutUser 아래에 있는 입력 창 2개와 버튼 1개에 Glow Effect1에 의해 이글거리는 효과가 적용됩니다. Image1의 펭귄 모습은 물결 효과가 적용되어 펭귄인지 알아보기 어렵게 변합니다.

이와 같이 효과는 얼마든지 원하는 UI 컨트롤에 적용할 수 있습니다. 예를 들어 위 그림의 실행 화면의 이메일 입력 창에는 레이아웃에 적용한 이글거리기 효과가 테두리에 적용되고 있습니다. 그런데 비밀번호 입력 창보다 테두리가 흐리게 표시됩니다. 여기에 입력된 텍스트도 정확히 알아볼 수 없을 정도로 흐립니다. 이렇게 하려면 어떻게 할까요? TBlurEffect를 하나 더 추가하고 이것을 TEdit1 아래에 넣어주면 됩니다.

스트럭처 뷰에서 각 효과를 선택하고 오브젝트 인스펙터를 열면 얼마나 흐리게 표시할 것인가 이글거리기 효과의 색상을 무엇으로 할 것인가 등 해당되는 여러 속성을 세밀하게 지정할 수 있습니다. 또한 애니메이션 효과를 줄 수 있는 속성에는 애니메이션도 연결할 수 있습니다. 스트럭처 뷰에서 BlurEffect1 등 효과를 다른 UI 컨트롤로 옮겨보고, 툴 팔레트에서 그림자 효과 등 원하는 Effect를 찾아서 넣어 보세요. Samples폴더 > Object Pascal > Mobile Samples > Media 폴더에서 PhotoEditorDemo도 활용할 수 있습니다. http://docwiki.embarcadero.com/RADStudio/XE7/en/FireMonkey_Image_Effects에서 원하는 효과를 쉽게 찾을 수 있습니다.

2. Animation의 속성과 종류

지금부터 애니메이션 속성과 종류에 대해 알아보고 이를 적용하기 위한 여러가지 방법에 대해 살펴 보겠습니다. 그리고 이를 활용하여 FloatAnimation을 이용한 계기판 UI와 FloatAnimation 동적 생성을 활용한 그래프를 만들어 보도록 하겠습니다.

활용 실습으로 FloatAnimation과 ListBox로 구성한 슬라이드 메뉴 예제가 제공됩니다.

애니메이션은 시간의 흐름에 따라 그 속성 값이 바뀌는 것을 의미합니다. 자동 또는 수동으로 설정할 수 있으며 시작 시간의 지연 옵션을 지정할 수 있습니다. 네이티브 모바일 앱에 있어서 애니메이션 효과는 다양한 부분에 적용되고 있으며 이를 적절히 사용하면 사용자 만족도를 극대화할 수 있습니다.

파이어몽키에서 제공되는 애니메이션은 다음 세 가지로 분류됩니다.

● 시작 값에서 종료 값까지 변환

이름	내용
TFloatAnimation	위치(X, Y, Z), 회전, 투명도 등의 실수 속성 값으로 변환
TRectAnimation	TBound 속성의 네 개 끝점(end point) 위치 변환
TColorAnimation	색상 값(TAlphaColor형)에 따라 변환
TGradientAnimation	그라데이션을 정의하는 각 점의 색상 값에 따라 변환
TBitmapAnimation	투명도를 증가시켜 시작 이미지를 다른 이미지로 전환

● 두 값이 아니라 일련 값에 따라 변환

이름	내용
TFloatKeyAnimation	실수 목록에 따라 전환
TColorKeyAnimation	색상 목록에 따라 전환
TPathAnimation	오브젝트의 2D 위치 경로에 따라 전환

● 목록에 따라 변환

이름	내용
TBitmapListAnimation	모든 이미지가 가로로 결합되어 하나의 비트 맵으로 되어 일정한 간격의 슬라이드 쇼처럼 변환

위의 표에 언급된 여러가지 애니메이션을 쉽게 볼수 있는 샘플은 Desktop 용 프로젝트로 제공되지만 안드로이드 및 iOS 모바일 프로젝트에 모두 동일하게 적용됩니다.

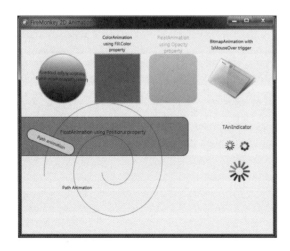

Animation 만들기

애니메이션은 다른 하위 구성 요소와 마찬가지로 애니메이션이 적용된 객체의 자식으로 추가됩니다. IDE 환경에서 사용하고자 하는 애니메이션 오브젝트를 해당 애니메이션의 자식으로 추가하면 애니메이션이 만들어 집니다. 또한 각 오브젝트의 속성값에 애니메이션을 직접 지정할 수 있습니다. 오브젝트의 속성 값 중 필름 아이콘이 앞에 붙어 있는 항목은 애니메이션으로 지정할 수 있습니다.

좀 더 자세한 내용은 다음 절에서 따라하기 예제와 함께 배워 보도록 하겠습니다.

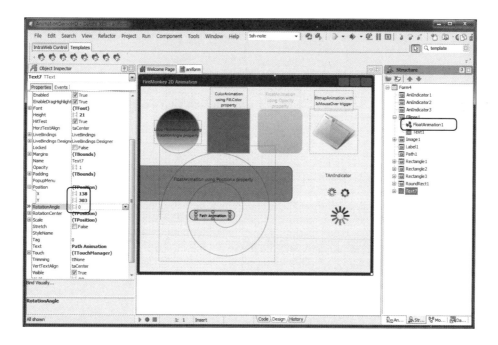

3. Animation을 적용하는 여러가지 방법

애니메이션을 적용하는 방법은 여러가지가 있습니다. 이번 절에서는 동적 생성을 제외한 일반적인 세 가지 방법에 대하여 설명합니다. (동적 생성은 129쪽 따라하기에서 진행합니다)

첫 번째 방법은 툴 팔레트에서 애니메이션 항목을 찾아 해당 오브젝트에 드래그 드롭해서 설정하는 방법입니다. 애니메이션 콤포넌트를 드래그 드롭 한 후 해당 속성을 지정해주면 됩니다.

두 번째 방법은 애니메이션을 적용하고 싶은 항목을 오브젝트 인스펙터에서 직접 선택하여 Create New 메뉴 항목으로 새로운 애니메이션을 생성하는 법입니다. 애니메이션이 지정 가능한 항목은 각 항목의 속성 값 앞에 필름 아이콘으로 표시되어 있습니다.

세 번째 방법은 애니메이션을 제일 간단하게 사용하는 방법이라고 할 수 있는데 애니메이션을 지정하고 싶은 오브젝트의 클래스 함수에 정의되어 있는 애니메이션 함수를 직접 호출하는 방법입니다. 여러 개의 애니메이션을 동시에 사용할 때 편리하게 사용할 수 있습니다.

다음 따라하기 예제에서 위에 언급한 세 가지 방법을 모두 연습해 보도록 하겠습니다.

|||||||| **따 라 하 기** ||||||||||||||||||||||||||||||||||||||||||||||||||||||||||||||||||||||||||||||||||||||||||||||||

01 File > New > Multi-Device Application – Delphi (XE6 이하버전은 FireMonkey Mobile Application – Delphi) > Blank Application을 클릭하여 새로운 모바일 프로젝트를 생성합니다.

02 세가지 방법을 각각 사용해 보기 위해 TButton 세 개를 다음 그림처럼 추가합니다.

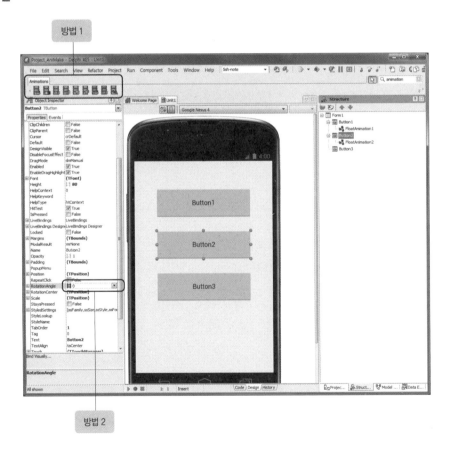

03 첫 번째 버튼 위에 **TFloatAnimation** 콤포넌트 오브젝트를 드래그 드롭하여 다음과 같이 속성을 지정합니다. (방법1)

컴포넌트	속성	값
TFloatAnimation	Duration	1 (초)
	Enabled	True (Animation 실행)
	Loop	True (계속 반복)
	PropertyName	Position.Y
	StartValue	60
	StopValue	0

04 Button2의 오브젝트 인스펙터 속성에서 RotationAngle 항목의 콤보박스 화살표를 선택하고 **Create New TFloatAnimation** 메뉴 항목을 선택합니다. Button2에 자동으로 Float Animation이 생성됩니다. (방법 2)

05 Button2의 FloatAnimation 속성 값을 다음과 같이 지정합니다.

컴포넌트	속성	값
TFloatAnimation	Duration	1 (초)
	Enabled	True (Animation 실행)
	Loop	TRUE (계속 반복)
	StartValue	0
	StopValue	360

06 Button3를 더블 클릭하고 OnClick 이벤트 핸들러에 다음과 같이 입력합니다.

```
Button3.AnimateFloat( 'Position.Y', Button3.Position.Y + 20, 0.5 );
```

07 실행한 후 Button3를 클릭하여 애니메이션 동작을 확인합니다.

TFloatAnimation은 PropertyName 속성에 지정된 값에 따라 어떤 애니메이션이 생성될지가 결정됩니다. AnimateFloat 함수를 직접 호출하는 경우에는 첫 번째 파라미터값이 바로 이 PropertyName입니다. 함수를 직접 호출시 PropertyName 값에 스트링으로된 문자열 값을 직접 입력해야 하므로 철자가 잘못 입력된 경우는 컴파일 시 아무런 에러 메시지 없이 실행이 제대로 되지 않으므로 주의하시기 바랍니다.

또 TFloatAnimation의 속성 중 Interpolation값은 TFloatAnimation이 작동되는 형상을 지정합니다. 이 부분은 글로서는 쉽게 이해가 안될수 있습니다만 직접 실행해 보면 쉽게 이해가 될 것입니다. 위의 예제를 이용해서 속성 값을 바꿔가면서 실행해 보시기 바랍니다. Duration을 약간 길게 지정하면 눈으로 이해하는데 좀 더 편리합니다.

● Interpolation 속성 값 및 의미

속성	의미
Linear	시간에 따라 일정한 비율로 변화합니다. 선형 보간 이라고 합니다.
Quadratic	시작점과 끝점 사이의 경로에 2차 함수가 적용됩니다. 경로의 기울기는 시작점에서 0이며, 시간과 함께 계속 증가합니다. 끝 점이 경로에 오도록 함수는 스칼라가 적용됩니다.
Cubic	보간은 $y = x ** 3$ 형식입니다. 경로의 기울기는 시작점이 0이고 경로 진행은 2차 함수의 경우보다 더 빨리 증가합니다.
Quartic	보간 $y = x ** 4$ 형식입니다. 경로의 기울기는 시작점이 0이고 경로 진행은 2차 함수의 경우보다 더 빨리 증가합니다.
Quintic	보간은 $y = x ** 5$ 형식입니다. 경로의 기울기는 시작점이 0이고 경로 진행은 2차 함수의 경우보다 더 빨리 증가합니다.
Sinusoidal	보간은 $y = sin (x)$ 형식입니다. 경로의 기울기는 시작점에서 0이며, 사인 곡선의 첫 번째 변곡점 $(x = pi)$가 끝입니다.
Exponential	보간은 $y = e ** x$ 형식입니다. 경로의 기울기는 시작점에서 1이고 경로 진행은 2차 함수의 경우보다 더 빨리 증가합니다.
Circular	이 보간에서는 시작점과 끝점 사이의 경로는 원주의 4분의 1입니다. 경로의 기울기는 시작점에서 0이고 끝점에서 수직이 됩니다.
Elastic	탄성체의 움직임을 묘사하는 방식입니다. 경로는 프로그레시브 사인 기하학적 보간에 부합합니다. 경로 사인파 진폭은 애니메이션 형식 (in 또는 out)에 따라 처음에는 작게 시작하고 마지막이 크고, 또는 그 반대입니다.
Back	경로는 기하학적 보간에 부합하지 않습니다. 값 (y 좌표)은 증가하고 시작 값을 향해 돌아갑니다.
Bounce	공이 바닥에서 튀는 움직임을 묘사하는 방식입니다. 용수철의 움직임과 비슷하지만 한쪽으로만 튕기게 되는 점이 다릅니다. 경로는 튀는 공을 나타냅니다. 경로는 시작점과 끝점을 잇는 직선에서 곡선이 떨어져 나가는 여러 원형 곡선으로 구성됩니다. 곡선끼리 뾰족한 지점에서 연결됩니다.

* 주의: Delphi XE5 이전 버전에서는 itLinear 형태로 접두사(it)가 붙어서 사용됩니다.

4. FloatAnimation으로 손쉽게 구현하는 계기판 UI

파이어몽키 애니메이션을 활용하면 재미있고 다양한 UI를 쉽게 구성할 수 있습니다. 이번 절에서는 여러가지 분야에서 많이 활용되는 계기판 UI를 구현해 보도록 하겠습니다.

||||||| **따 라 하 기** ||||||||||||||||||||||||||||||||||||||||||||||||||||||||||||||||||||||||||||||

01 File > New > Multi-Device Application - Delphi (XE6 이하버전은 FireMonkey Mobile Application - Delphi) > Blank Application을 실행하여 새로운 모바일 프로젝트를 준비합니다.

02 TImage를 한 개 배치하고 width와 height를 '300'으로 지정합니다. 그리고 Name을 'BaseImage'로 지정합니다. 프로젝트 소스와 함께 제공되는 이미지를 불러옵니다. (AirSpeedIndicator_Back.png). 이 실습에서 사용되는 이미지와 소스 등 자료는 www.devgear.co.kr/book 에서 다운로드 받을 수 있습니다.

03 같은 크기로 TImage를 하나 더 배치하되 BaseImage의 Child로 배치하고 Name은 'ArrowImg'로 지정합니다. (AirSpeedNeedle.png) 즉, 두 개의 이미지가 겹치도록 만듭니다. 이미지 파일은 배경이 투명한 PNG 파일이므로 계기판 베이스 위에 계기판 바늘이 올려진 형태로 구성을 하였습니다.

04 그림을 참조하여 TButton 두 개와 계기판이 움직일 때 숫자를 표시할 TLabel을 배치합니다.

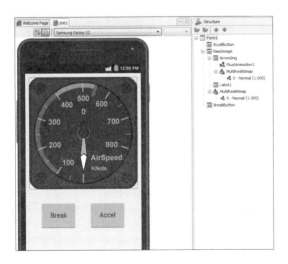

ArrowImg에 **TFloatAnimation** 오브젝트를 배치하고 다음과 같이 속성을 지정합니다.

컴포넌트	속성	값
TFloatAnimation	AnimationType	Out
	Duration	5
	Interpolation	Bounce
	PropertyName	RotationAngle

FloatAnimation1의 **OnFinish**와 **OnProcess** 이벤트 핸들러를 추가하고 두 개의 버튼에 대한 onClick 핸들러를 추가한 후 다음 소스와 같이 입력합니다.

```
{FloatAnimation1 OnFinish 이벤트 핸들러}
procedure TForm1.FloatAnimation1Finish(Sender: TObject);
begin
  FloatAnimation1.Enabled := FALSE;
end;

{FloatAnimation1 OnProcess 이벤트 핸들러}
procedure TForm1.FloatAnimation1Process(Sender: TObject);
begin
  Label1.Text := Format( '%.0f' ,[ 800*( ArrowImg.RotationAngle-180 )/( 470-180
) ] );
end;

{AccelButton OnClick 이벤트 핸들러}
procedure TForm1.AccelButtonClick(Sender: TObject);
begin
  FloatAnimation1.Enabled := TRUE;
  FloatAnimation1.StartValue := 180;
  FloatAnimation1.StopValue  := 470;
  FloatAnimation1.Duration := 5;
end;

{BreakButton OnClick 이벤트 핸들러}
procedure TForm1.BreakButtonClick(Sender: TObject);
begin
  FloatAnimation1.Enabled := FALSE;
  ArrowImg.RotationAngle := 180;
  Label1.Text := '0';
end;
```

07 프로젝트를 실행하여 Accel 버튼을 눌렀을 때와 Break 버튼을 눌렀을 때의 동작을 확인
합니다.

ArrowImg의 RotationAngle에 TFloatAnimation 속성을 부여하여 계기판에서 회전하는 바늘
을 만들어 보았습니다. 만약 TFloatAnimation 속성 부여없이 바늘의 위치 값만 지정하였다면
바늘이 고정된 상태로 단말기 화면에 보여지겠지만 TFloatAnimation 속성을 부여하면 움직이
는 바늘을 보여줄 수 있게 됩니다.
이 프로젝트를 응용하여 다양한 계기판을 만들어 보시기 바랍니다.

5. FloatAnimation 동적 생성을 활용한 그래프 생성

이 절에서는 파이어몽키 애니메이션을 동적으로 생성하여 차트 그래프를 만들어 보겠습니다. 파
이어몽키의 모든 오브젝트와 마찬가지로 FloatAnimation 역시 동적으로 생성이 가능하므로 동
적으로 생성되는 다른 오브젝트에 애니메이션 속성을 부여할 수 있습니다.

|||||| **따 라 하 기** ||||||||||||||||||||||||||||||||||||||||||||||||||||||||||||||||||||||||||||||||||

01 File > New > Multi-Device Application - Delphi (XE6 이하 버전은 FireMonkey Mobile
Application - Delphi) > Blank Application을 실행하여 새로운 모바일 프로젝트를 준비합니다.

02 TToolBar를 상단에 배치하고 Tbutton과 TSpinBox를 양쪽에 배열합니다.
오브젝트 인스펙터에서 TSpinBox의 Min과 Max 값을 '1'과 '10'으로 설정합니다.

03 화면에는 TLayout을 배치한 후 TLine을 두 개 배치하여 X, Y 축 형태로 구성합니다.

폼의 Public 영역에 다음과 같이 소스를 입력합니다.

```
private
   { Private declarations }
  public
   { Public declarations }
   procedure Create_Bar( noBar : integer ); // 막대그래프 동적 생성
   procedure Create_Animation( bParent : TRectangle );  // Animation 동적 생성
   procedure BAni_OnProcess( Sender : TObject );  // Animation 진행중 동적 이벤트
   procedure BAni_OnFinish( Sender : TObject );  // Animation 종료 동적 이벤트
  end;
```

05 좌측에 배치한 버튼의 클릭 이벤트 메소드를 포함하여 다음과 같이 소스를 입력합니다.

```
var
  Form1: TForm1;
  RecBar : array[0..9] of TRectangle;
  isAniRunning : boolean = FALSE;

implementation

{$R *.fmx}

//******************************************************
procedure TForm1.SpeedButton1Click(Sender: TObject);
begin
  if not isAniRunning then
    Create_Bar( Round( spinBox1.Value ) );
end;

//-----------------------------------------------------
procedure TForm1.Create_Bar( noBar : integer );
var
  i: integer;
begin
  for i := 0 to 9 do
    if Assigned( recBar[i] ) then
      RecBar[i].Release();

  for i := 0 to noBar-1 do
  begin
    RecBar[i] := TRectangle.Create(nil);
```

```
      RecBar[i].Parent := Layout1;
      RecBar[i].Stroke.Kind := TBrushKind.None;
      RecBar[i].Fill.Color := $FFF0FF00 * Random(200) + Random(200);  // 색상 랜덤생성
      RecBar[i].Width := 20;
      RecBar[i].Height := 10 + Random( 290 );
      RecBar[i].Position.Y := Layout1.Height - RecBar[i].Height -1; // 0;
      RecBar[i].Position.X := 20 + i*20 + i*5;

      Create_Animation( RecBar[i] );
   end;
end;


//------------------------------------------------------
procedure TForm1.Create_Animation( bParent : TRectangle );
var
  bAni : TFloatAnimation;     // 상단 uses절에 FMX.Ani를 추가합니다.
begin
  bAni := TFloatAnimation.Create(nil);
  bAni.Parent := bParent;
  bAni.PropertyName := 'Position.Y';
  bAni.AnimationType := TAnimationType.Out;
  bAni.Interpolation := TInterpolationType.Bounce;
  bAni.Delay         := 0.0;
  bAni.Duration      := 3.0;
  bAni.StartValue    := -100;
  bAni.StopValue     := Layout1.Height - bParent.Height -1;
// Layout 상단이 Y=0 이므로

  bANi.OnProcess := Form1.BAni_OnProcess;
  bANi.OnFinish  := Form1.BAni_OnFinish;

  bAni.Start;
end;


//-----------------------------------------------------------
procedure TForm1.BAni_OnProcess( Sender : TObject );
begin
  isAniRunning := True;
end;


procedure TForm1.BAni_OnFinish( Sender : TObject );
begin
  isAniRunning := False;
end;
```

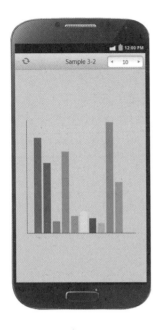

06 실행하여 스핀 박스로 생성될 그래프 바의 갯수를 지정한 후 그래프를 생성해 봅니다.

막대 그래프의 바는 **TRectangle**을 동적으로 생성하여 만들었습니다. 여기에서는 그래프 높이와 색상을 랜덤으로 지정하였지만 실제 앱을 개발할때는 데이터와 연결 시키면 될 것입니다. TRectangle이 동적으로 생성됨에 따라 Create_Animation 프로시저에서 TRectangle을 부모로 하여 TFloatAnimation 역시 동적으로 생성하였습니다. 동적 생성 시 TFloatAnimation의 OnProcess와 OnFinish 역시 동적으로 같이 생성하여 별도의 프로시저로 구성된 부분을 주의 깊게 보시기 바랍니다.
이 곳에서 isAniRunning 전역 변수에 TFloatAnimation 진행 상태를 기억하도록 하여 FloatAnimation 동작 중에 사용자가 반복하여 버튼 액션을 취해도 반응하지 않도록 하는 역할을 합니다.

이와 같이 애니메이션 필요 시에 동적으로 생성하여 다양하게 활용할 수 있는 방법을 잘 익혀 두시기 바랍니다.

[활용실습]

FloatAnimation과 ListBox로
슬라이드 메뉴 구현해 보기

과제 : ListBox를 생성하고 이를 TFloatAnimation을 이용하여 이동 시킬 수 있는 슬라이드 메뉴를 만들어 봅시다. (과제의 결과는 제공되는 프로젝트 소스를 참고하시기 바랍니다)

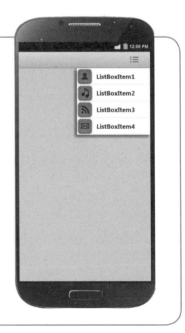

활용해 봅시다 : TFrame

지금 이 내용은 델파이 개발을 위해 꼭 알아두어야 할 내용은 아니며
초보자인 경우 다소 어려울 수도 있습니다. 하지만, 언젠간 델파이를 더욱
수준 높게 사용할 수 있을 것이므로 지금 TFrame을 통하여 델파이의
재사용에 대해 맛보기를 하겠습니다.

TFrame은 모바일 환경에서 폼(Form)을 대신하여 활용할 수 있도록 파이어몽키에서 지원하는
오브젝트입니다. 물론 모바일 환경에서도 멀티 폼(Form)을 사용할 수가 있지만 화면을 슬라이
드 시키거나 화면 크기를 제어하는 등의 작업은 어려움이 있습니다. 이러한 어려움은 TFrame을
사용하여 손쉽게 제어 할 수가 있습니다.

또한 한 번 만들어진 TFrame은 Unit 단위로 호출하여 재사용이 가능하므로 모듈 단위의 프로
그래밍과 공동 작업에 매우 편리하게 사용될 수 있으므로 이 장에서 그 활용법을 잘 숙지해 두면
도움이 됩니다.

1. TFrame 생성과 호출

||||||| 따라하기 |||||||||||||||||||||||||||||||||||||||||||||||||||||||||||||||

01 File 〉 New 〉 Multi-Device Application - Delphi (XE6 이하버전은 FireMonkey Mobile
Application - Delphi)을 실행하여 새로운 모바일 프로젝트를 생성하고 상단에 툴바를 배
치하고 그 안에 버튼을 하나 추가합니다. 이 버튼을 클릭하면 프레임을 불러오도록 하겠습
니다. 이 버튼의 StyleLookup 속성은 'detailstoolbutton'로 지정하겠습니다.

02 File > New > Other를 선택하여 New Items 화면이 표시되면, Delphi Files 폴더 아래의 FireMonkey Frame을 선택합니다. (그림참조)

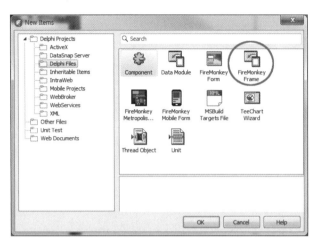

03 새로운 Unit가 만들어지면서 Frame이 생성되면 Frame의 이름을 'MyFrame'으로 변경합니다.

04 아래 그림의 스트럭처 뷰와 폼 디자이너를 참고하여 MyFrame의 화면 UI를 완성합니다. 아래 그림에서 버튼과 입력 창이 있는 사각형 박스 영역이 MyFrame입니다. 먼저 MyFrame 의 폼에 TRectagle을 추가하고 Align 속성 Client로 배치합니다. (다른 폼에서 Frame을 호출했을 때 Frame 경계를 쉽게 구분하기 위함입니다). 그리고 Rectangle1 에 TSpeedbutton 과 TEdit 등을 배치합니다. TSpeedbutton의 StyleLookup 속성을 'bookmarkstoolbutton'으로 지정합니다. 프레임의 폼 디자이너 위에는 일반 모바일 폼과는 달리 Style 선택과 Views 선택이 없습니다. 이유는 만들어진 TFrame이 실제 어떤 플랫폼의 폼에서 가져다 쓸 지 알 수 없기 때문입니다.

05 Speedbutton1의 OnClick 이벤트 핸들러에 다음과 같이 입력합니다.

```
procedure TMyFrame.SpeedButton1Click(Sender: TObject);
begin
  Edit1.Text := 'TMyFrame 핸들러에서 호출됨';
end;
```

06 이제 프로젝트 메니저에서 메인 폼이 있는 Unit1을 더블 클릭하여 선택합니다. 메인폼에서 만들어진 프레임(Frame)을 불러오도록 하기 위해 툴 팔레트에서 **Standard Tab**의 Frames 를 선택하고 더블 클릭합니다. 프레임 선택 화면이 나타나고 리스트에 MyFrame 프레임이 표시됩니다. 이것을 선택합니다. Form1 위에 배치된 MyFrame의 이름이 'MyFrame1'으로 바뀌면서 Form1 아래로 들어갑니다. TMyFrame으로부터 상속받아 생긴 것을 확인하기 바랍니다.

07 모바일 폼에서 불러온 프레임은 이제 모바일 환경에서 동작하므로 버튼의 StyleLookup이 모바일 환경에 맞게 바뀐 것을 확인합니다.

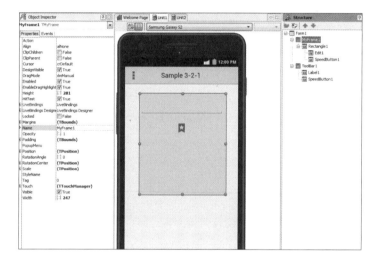

08 이번에는 Unit1에서 Form1의 **OnCreate** 핸들러와 툴바에 추가한 버튼의 **OnClick** 이벤트 핸들러를 각각 생성한 후 다음과 같이 입력합니다.

```
procedure TForm1.FormCreate(Sender: TObject);
begin
  // 초기에 프레임을 안보이는 곳에 위치 시킴
  MyFrame1.Position.X  :=  - MyFrame1.Width;
end;

procedure TForm1.SpeedButton1Click(Sender: TObject);
begin
  MyFrame1.AnimateFloat( 'Position.X', 0, 0.5);
end;
```

09 이제 실행하여 버튼을 터치하면 프레임이 잘 나타나는지와 프레임의 버튼을 터치하여 프레임 안에 있는 버튼의 이벤트 핸들러가 잘 실행되는지 확인합니다.

이와 같이 프레임은 유닛 단위로 마치 폼처럼 생성이 가능하며 한 번 만들어진 프레임은 필요 시 쉽게 호출해서 사용이 가능합니다. 뿐만 아니라 프레임 생성 시 만들어진 이벤트 핸들러도 같이 동작하기 때문에 모듈 단위의 프로그래밍에 적합합니다. 또한 프레임은 복수로 여러 번 호출해서 사용도 가능하므로 활용성이 뛰어납니다.

2. 다른 프로젝트에서 TFrame 재사용

만들어진 TFrame은 해당 프로젝트뿐만 아니라 다른 별도의 프로젝트에서도 재사용할 수 있습니다. 마치 컴포넌트처럼 툴 팔레트에 등록하면 됩니다. 컴포넌트를 직접 만들어서 배포하기 위해서 별도의 과정을 거쳐야 하지만 TFrame은 그런 과정 없이 쉽게 등록하여 다른 프로젝트에서 활용할 수 있습니다.

||||||| **따 라 하 기** ||||||||||||||||||||||||||||||||||||||||||||||||||||||||||||||||||||||||

01 앞 절에서 생성한 Sample 프로젝트를 다시 오픈합니다.

02 Unit2의 Frame 영역을 우측 마우스 클릭하면 그림과 같은 팝업 메뉴가 나오는데 Add To Palette 메뉴를 선택합니다.

03 IDE 환경의 툴 팔레트에 생성된 프레임을 등록하기 위한 다이얼로그 박스가 표시됩니다. OK를 누르면 툴 팔레트에 만들어진 프레임이 등록됩니다. 이제 다른 프로젝트에서 프레임을 사용할 수 있도록 준비가 되었습니다.

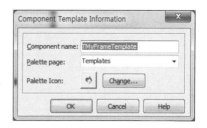

04 프로젝트를 종료하고 새로운 모바일 프로젝트를 생성합니다.

05 툴 팔레트에서 방금 추가한 TMyFrameTemplate를 찾아서 Form1위에 배치합니다.

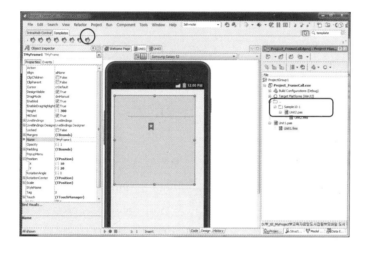

06 프로젝트 그룹에 Sample3-2-1의 Unit2가 자동으로 추가된 것을 확인합니다.

이와 같이 Frame을 툴 팔레트에 등록해 두면 다른 별도의 프로젝트에서도 툴 팔레트의 해당 프레임을 선택하여 손쉽게 사용이 가능합니다. 툴 팔레트에서 프레임을 제거하고 싶을때는 해당 프레임 메뉴를 우측 마우스 클릭으로 선택한 후 제거할 수 있습니다. 툴 팔레트에서 제거가 되어도 해당 프로젝트에는 영향을 주지 않습니다.

실습

만들어 봅시다: 웹서비스를 이용한 음반 정보 앱

이제부터는 웹서비스를 이용한 음반 정보 앱을 따라가기 방식으로 함께
만들어 보겠습니다. 이 실습은 지금까지와 달리 다소 복잡합니다.
그리고 이 실습에 사용되는 웹서비스 관련 컴포넌트 들에 대한 설명은
후속 편의 REST 웹서비스 부분에 설명되어 있습니다.

웹서비스에 대해 이론적으로 충분히 이해되지 않았더라도 관계 없습니다. Part2를 통해 델파이의
UI 컨트롤부터 시작하여 여러가지 컴포넌트와 기술을 사용해 보았으므로 따라하기 형식으로 진
행되는 이 실습이 크게 어렵지는 않을 것입니다. 지금 도전해 보시기 바랍니다.

이 실습을 완료하면 다음과 같은 앱이 완성됩니다. 이 앱은 DiscoGS에서 제공하고 있는 음반
정보 웹 서비스를 사용합니다. 날씨 등 여러분이 원하는 공공 데이터에도 마찬가지 방식으로 활
용할 수 있습니다.

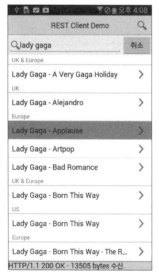

|||||||| **따 라 하 기** ||||||||||||||||||||||||||||||||||||||||||||||||||||||||||||||||||||||||||||||

본격적인 앱 만들기에 앞서 실습에서 사용할 델파이에 들어있는 REST 분석 툴(REST Debugger)을 이용하여 웹 서비스를 분석하는 작업을 함께 진행해 보겠습니다.

실습 대상 사이트 – DiscoGS

실습 대상 사이트는 DiscoGS(http://www.discogs.com)를 대상으로 해보겠습니다. DiscoGS는 음반 정보 제공 사이트이며, REST 방식의 Open API를 제공하고 있습니다. (지금 설명되는 REST나, JSON, XML 등은 웹 서비스를 위한 국제 표준 규약들입니다. 이론 설명은 이 책의 후속 편 또는 구글 검색을 참고하세요)

API 정보는 개발자 페이지(http://www.discogs.com/developers/)를 통해서 확인 가능하고, 우리는 그 중에서 Search API(http://www.discogs.com/developers/resources/database/search-endpoint.html)를 대상으로 진행하겠습니다.

검색 요청은 아래와 같은 URL이 사용되며, 중괄호로 감싸진 {query}, {page}는 상황에 맞는 파라미터로 치환됩니다.

http://api.discogs.com/database/search?q={query}&type=master&per_page={page}

응답은 JSON 형식으로 수신됩니다. 아래의 샘플데이터 중 "results"를 RootElement로 사용합니다. ("results"의 자식 노드는 배열([])로 구성됩니다.)

```
{
  "pagination": {
    "per_page": 3,
    "pages": 1206721,
    "page": 1,
    "items": 3620161,
    "urls": {
      "last": "http://api.discogs.com/database/search?per_page=3&page=1206721",
      "next": "http://api.discogs.com/database/search?per_page=3&page=2"
    }
  },
  "results": [
    {
      "style": [ "Techno", "Experimental" ],
      "title": "Ken Ishii - Pneuma",
      "country": "Belgium",
      "format": [ "Vinyl" ],
```

```
      "uri": "/Ken-Ishii-Pneuma/release/13863",
      "label": "R & S Records",
      "catno": "RS93025",
      "year": "1993",
      "genre": [ "Electronic" ],
      "type": "release",
      "id": 13863
    },
  ... 생략 ...
```

REST 분석 도구(REST Debugger)

REST Debugger는 REST Client를 이용해 REST 컴포넌트를 구성하기 이전에 REST API를 분석하고, 확인하기에 아주 좋은 도구입니다. (REST Debugger도 델파이의 REST Client 컴포넌트 등을 이용해서 개발되었으며, 테스트 방식이 동일합니다.)

REST Debugger 사용 방법은 위의 DiscoGS의 Open API를 기반으로 설명합니다.

01 메인 메뉴 > Tools > REST Debugger를 클릭합니다. (또는 RAD Studio 실행 파일 경로 (일반적으로는 C:₩Program Files (x86)₩Embarcadero₩Studio₩[버전]₩bin)에서 RESTDebugger.exe를 실행합니다.)

02 Request 탭에서 URL에 'http://api.discogs.com/'을 입력합니다.

03 Content-Type에서 **application/json**를 선택합니다.

04 Parameters 탭으로 이동 후 Resource 항목에서 'database/search?q={query}&type=master&per_page={page}'를 입력합니다. (Resource 항목에서 포커스가 떠나면 중괄호 항목으로 Request Parameter에 목록이 자동 생성됩니다.)

05 Request Parameters에 목록을 각각 더블 클릭하여 query항목은 '**psy**', page항목은 '**20**'으로 입력합니다. ('싸이'라는 키워드로 20 개씩 음반 정보를 검색합니다.)

06 "Send Request" 버튼을 누르면 아래와 같이 응답 결과를 확인합니다. (HTTP/1.1 200 OK 문구가 보이면 성공한 것이다. 다른 오류가 발생하는 경우 URL 및 Resource 등을 다시 검토해 보시기 바랍니다.)

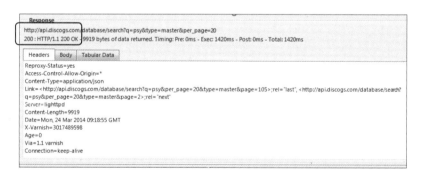

07 Body 탭으로 이동 후 JSON Root Element 항목에 "results"를 입력하고 **Apply** 버튼을 클릭합니다. (results 하위의 항목들만 결과 에디터에 표시되는 것을 확인할 수 있습니다.)

08 Tabular Data 탭으로 이동 시 아래와 같이 그리드에 정보가 표시됨을 확인합니다.

style	thumb	format	country	title	uri	label	catno	year	genre	resource_u	type	id
	http://api.c		Germany	Guru Guru	/Guru-Gun		TM 0108 C	2008		http://api.c	master	467211
	http://api.c		Spain	Atman (3) -	/Atman-Ps		AE 014	2011		http://api.c	master	502876
	http://api.c		Germany	R.I.P. (10) -	/RIP-Psy-D		RIP04	2008		http://api.c	master	130155
	http://api.c		Germany	Recondite	/Recondite		IV50.J	2014		http://api.c	master	667019
	http://api.c		Germany	Star Sound	/Star-Soun		SPIRIT ZON	1997		http://api.c	master	15742
	http://api.c		Russia	Chizh - Psy	/Chizh-Psy-		ES-006	2010		http://api.c	master	336934
	http://api.c		Sweden	Johan Bact	/Johan-Bac		JB LTD 02	2004		http://api.c	master	354926

09 위의 과정을 통하여, 요청과 요청 파라메터가 정리가 되고, 응답 데이터의 구조를 확인 할 수 있습니다. 여러분의 웹서비스 API도 위의 단계를 통하여 요청과 응답 구조를 파악할 수 있습니다.

10 마지막으로 REST Debugger에 있는 버튼 중에서 Copy Components 버튼을 클릭합니다. (지금까지 진행된 단계까지의 서비스를 델파이에서 바로 사용하는 데 필요한 컴포넌트들과 속성이 클립보드에 저장됩니다. 이것은 델파이 폼이나 데이터 유닛에 붙여 넣기하여 사용할 수 있습니다. 혹시 델파이가 과거 버전이라서 이 버튼이 없을 수 있습니다. 이 경우에는 실습 중에 '붙여 넣기'하는 부분에서 붙여 넣기를 통해 추가되는 컴포넌트와 속성을 해당 설명대로 직접 추가하면 됩니다.)

앞서 진행한 REST Debugger에서 설정한 DiscoGS API를 기반으로 앱 개발 시 REST Client 사용법을 함께 따라해 보겠습니다.

01 시작하기 전에 스타일을 Android로 선택하세요.
File > New > Multi-Device Application - Delphi (XE6 이하버전은 FireMonkey Mobile Application - Delphi) > Blank Application을 실행합니다. 프로젝트 이름을 'Project_RESTClient'로 저장합니다.

● UI 구성

02 폼에 TToolbar를 추가합니다.

03 TToolbar에 제목으로 사용할 TLabel을 추가 후 다음과 같이 속성을 변경합니다.

속성명	역할
Align	contents
Text	REST Client Demo
TextSettings.HorzAlign	Center

04 TToolbar에 TButton을 추가 후 다음과 같이 속성을 변경합니다.

속성명	역할
Align	Right
StyleLookup	searchtoolbutton

05 폼에 검색영역 추가를 위해 TLayout을 추가하고 Align을 Top으로 Height를 '48'로 설정합니다.

06 검색 Layout에 TEdit 추가 후 속성을 변경합니다.

속성명	역할
Align	Client
StyleLookup	searcheditbox

07 Layout에 TButton을 추가 후 속성을 변경합니다.

속성명	역할
Align	Right
Text	취소

08 폼에 TListView를 추가 후 나머지 화면에 차도록 Align을 Client로 설정합니다.

속성명	역할
Align	Client

09 폼에 TStatusBar를 추가하고, 그 위에 TLabel을 추가합니다. TLabel의 Align 속성을 'Client'로 변경합니다.

● 데이터 처리(업무 로직 구성)

10 REST Client 컴포넌트를 이용하는 업무 로직을 데이터 모듈에 별도 구성을 위해 Project Manager > Project_RESTClient > 우측 마우스 클릭 > Add New > Other 메뉴를 클릭 후 New items 윈도우에서 Data Module 항목을 선택합니다. (재사용하기 좋습니다!)

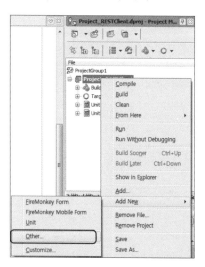

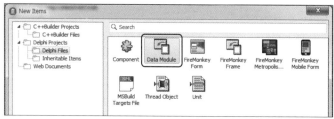

11 데이터 모듈이 만들어지면 Ctrl+V (또는 모듈 화면에서 마우스 오른쪽 클릭 > Edit > Paste)
하면 REST Debugger에서 사용한 웹 서비스를 이용하기 위한 컴포넌트 5개가 추가됩니
다. 추가된 각 컴포넌트와 주요 속성을 아래와 같습니다. (앞의 Rest Debugger 10번 항
목 'Copy Component' 참고)

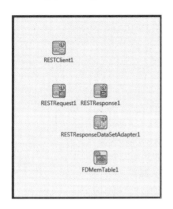

컴포넌트	속성	값
TRESTClient	BaseURL	http://api.discogs.com
TRESTRequest	Client	RESTClient1
	Resource	database/search?q={query}&type=master&per_page={page}
	Response	RESTResponse1
TRESTResponse		
TRESTResponseDataset Adapter	DataSet	ClientDataSet1
	Response	RESTResponse1
	RootElement	results
TFDMemTable		

12 RESTRequest1의 속성 중 **Params** 속성을 다음과
같이 변경합니다. (항목은 Resource 입력 시 사동
으로 생성됩니다.)

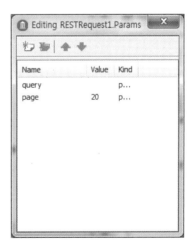

13 RESTRequest1을 우측 마우스 클릭 후 Execute 메뉴를 선택(또는 RESTResponse1을 더블 클릭)하여 연결을 확인합니다. (이 단계에서 수신된 데이터는 TRESTResponse에서 받아, TRESTResponseDatasetAdapter를 통해 TClientDataset에 데이터가 추가됩니다.)

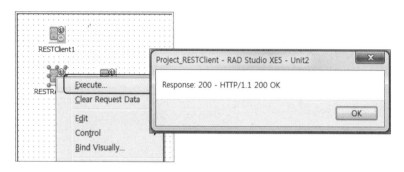

● 화면과 데이터 연결

14 이제 다시 폼으로 돌아옵니다. 그리고 uses 절에 데이터 모듈인 Unit2를 추가합니다.
(File > Use Unit)

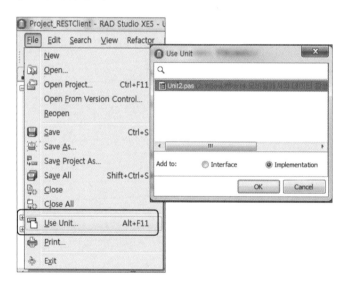

15 라이브 바인딩 디자이너를 이용하여 ListView1과 DataModule2.ClientDataSet1을 다음 그림과 같이 연결하면 ListView1에 실시간으로 데이터가 표시되는 것을 확인할 수 있습니다.

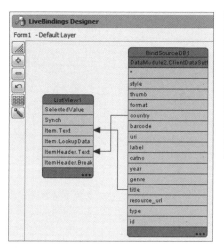
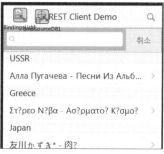

[주의]
만약, DataModule2.ClientDataSet1의 목록이 그림과 같이 나오지 않는 경우 앞의 Rest Debugger 6, 7번 항목을 다시 점검하기 바랍니다.
RootElement를 지정하지 않았거나, Execute를 수행하지 않는다면 목록이 다르게 나올 수 있습니다.

● 검색 기능추가

16 데이터 모듈로 와서 데이터모듈(Unit2)에 키워드 검색기능을 추가하겠습니다. TDataModule2의 Public 영역에 Search와 GetResponseStatus 메소드를 다음 코드를 참고해 선언(interface)합니다.

```
type
TDataModule2 = class(TDataModule)
// 생략
public
    { Public declarations }
    procedure Search(AKeyword: string); // AKeyword로 검색
    function GetResponseStatus: string; // 응답 상태정보 요청
end;.
```

17 구현부(implementation)에 구현 내용을 다음 코드를 참고해 추가합니다.
(※ 16번과 같이 선언부에 선언 후 Shift+Ctrl+C를 누르면 메소드의 구조가 구현부에 자동으로 생성됩니다. 이후 기능을 사용하면 보다 빠르게 개발할 수 있습니다.)

```
// 응답 상태정보 전달
function TDataModule2.GetResponseStatus: string;
begin
  Result := Format('%s - %d bytes 수신.', [
    RESTResponse1.StatusText,
    RESTResponse1.ContentLength]);
end;

// 검색어(AKeyword)로 query 파라미터를 변경하고 다시 조회
procedure TDataModule2.Search(AKeyword: string);
begin
  RESTRequest1.Params.ParameterByName('query').Value := AKeyword;
  RESTRequest1.Execute;
end;
```

18 실행 시 조회하도록 데이터 모듈의 OnCreate 이벤트 핸들러에 다음 코드를 추가합니다.

```
procedure TdataModule1.DataModuleCreate(Sender:Tobject);
  begin
      RESTRequest1.Execute;
  end;.
```

19 데이터 모듈이 완성되었으므로 다시 폼(Unit1)으로 돌아와 입력된 검색어로 조회하고, 조회 결과를 출력하기 위해 Edit1의 **OnChange** 이벤트 핸들러에 다음의 코드를 추가합니다.

```
procedure TForm1.Edit1Change(Sender: TObject);
begin
  DataModule2.Search(Edit1.Text);
  Label2.Text := DataModule2.GetResponseStatus;
end;
```

● 결과 확인

구현이 완료되었습니다. 앱을 실행하여 검색어 입력 후 Return 버튼을 클릭하면 해당 검색어에 대한 목록이 표시되고, 하단에는 응답 결과와 수신된 데이터 크기가 표시됩니다.

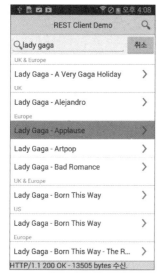 

[예제]

이 실습을 잘 따라왔다면 델파이 XE7에서 새로 추가된 TMultiView를 이용하여 조금 다른 화면으로도 구현해보세요. TMultiView는 마스터-디테일 방식의 데이터를 표현할 때 모바일 앱에서 흔히 사용되는 방식 즉 마스터 데이터가 메뉴처럼 표현되는 방식입니다. 이 메뉴는 슬라이딩 목록, 팝업 등 개발자가 원하는 형태 또는 각 플랫폼의 일반적인 방식대로 XE7부터는 새 모바일 앱을 만들 때 Master-Detail Templates을 선택하면 기본적으로 TMultiView가 사용 된 화면이 만들어 집니다.

앞에서 학습한 내용을 바탕으로 우선 앨범 정보를 마스터로 가져와서 메뉴로 표시하고 메뉴에서 특정 앨범을 선택하면 수록된 노래의 목록이 디테일로 표시하는 앱에 도전해 보세요!

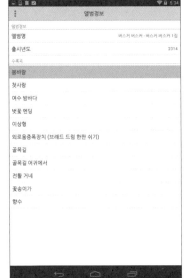

부록

델파이 무료 평가판 설치 방법
개발 환경 설정과 디바이스 연결 (안드로이드, iOS)
앱 스토어 배포(구글플레이, iOS 앱스토어)

M o b i l e   A p p

부록 1
델파이 무료 평가판 설치 방법

엠바카데로(Embarcadero Technologies) 제품은 일반적으로 ESD 방식 즉, 이메일을 통하여 설치파일과 시리얼키가 전달됩니다. 전달된 제품은 사용자의 EDN 계정으로 관리 됩니다. EDN 계정이란 엠바카데로 디벨로퍼(developer) 네트워크 계정을 말하며 가입은 무료입니다. EDN 계정 생성과 무료평가판 설치 방법은 www.devgear.co.kr/book/mobile/ 에 있습니다.

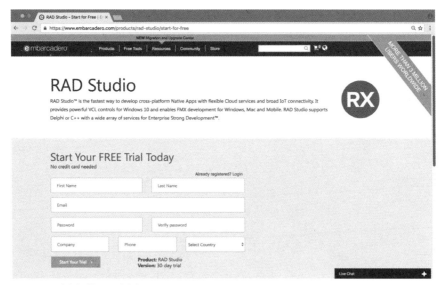

RAD Studio 평가판 다운로드 페이지

 Tip

델파이 무료평가판은 30일간 사용할 수 있습니다. 엠바카데로의 무료평가판 웹페이지에서 Delphi 또는 RAD Studio의 무료평가판을 받으면 됩니다. RAD Studio는 델파이와 C++빌더를 한 번에 설치하여 모두 사용할 수 있습니다.

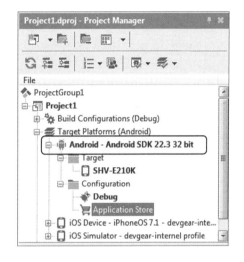

부록 2
개발 환경 설정과 디바이스 연결 (안드로이드, iOS)

델파이가 설치된 개발자 컴퓨터(Windows OS)
만 가지고도 iOS용 프로그램 코드를 작성하고
UI 화면을 만들 수 있습니다. 델파이는 개발 영
역과 배포 영역이 각각 독립적으로 분명하게 구
분 되어 있으므로 개발한 소스 코드를 컴파일 하
는 시점에서 배포할 타겟을 선택하고 변경할 수
있 기 때문입니다.

델파이는 안드로이드 Gingerbread에서부터 가
장 최신 버전까지를 지원하고 있습니다. 또한 개
발자 컴퓨터에 여러 버전의 안드로이드 SDK, NDK, JDK를 설치할 수 있고, 델파이에서는
원하는 SDK를 연결할 수 있습니다. 모바일 OS는 PC 데스크탑 보다 훨씬 빠르게 변하기
때문에 델파이와 같이 유연 한 버전 지원 방식은 매우 중요합니다.

델파이를 디펄트 설정에 따라 설치하면 안드로이드 앱을 작성하고 테스트하기 위한 안드
로이드 관련 소프트웨어 패키지(SDK, NDK, JDK등)가 기본적으로 설치됩니다. iOS 는 델
파이가 설치된 개발자의 윈도우 컴퓨터를 애플사의 정책 상 Xcode 즉 맥 컴퓨터에 연결해
야 합니다.

안드로이드와 iOS 앱 개발을 위한 환경 설정과 디바이스 연결에 대한 자세한 내용과 노하우는 www.devgear.co.kr/book/mobile/ 에 있습니다.

원도우 미리보기를 사용하면 모바일 개발이 훨씬 빨라집니다!

델파이의 매력 중 하나는 실제 디바이스나 에뮬레이터가 없어도 델파이가 설치된 개발 컴퓨터의 원도우에서 미리 실행해 볼 수 있다는 점입니다. 델파이로 모바일 앱을 개발하다보면 실제 디바이스가 있다고 하더라도 오히려 원도우 미리보기를 주로 사용하게 될 것입니다.

그 이유는 디바이스나 에뮬레이터로 배포하는 과정이 없으므로 개발 중 낭비하는 시간을 크게 덜어주기 때문입니다. 따라서 개발자는 코드 한 줄을 고치더라도 부담없이 바로 실행하고 확인하면서 개발을 진행할 수 있습니다.

프로젝트 매니저의 Target Platforms에서는 소스 코드에서 생성할 실행 파일의 타겟을 선택할 수 있습니다. 따라서 원도우 미리보기, 실제 디바이스, 에뮬레이터 중 원하는 배포 타겟을 바꿔가면서 확인할 수도 있습니다.

부록 3
앱 스토어 배포(구글플레이, iOS 앱스토어)

구글 앱 스토어 배포는 절차가 매우 간단합니다. 하지만, iOS 앱스토어 배포는 애플사의 까다로운 절차를 지켜야 합니다.

안드로이드와 iOS 모두 배포 시에는 권한 설정에 주의해야 합니다. 배포하려는 앱에서 사용할 카메라, 전화 기능 등 모바일 장비에 있는 기능 접근 권한을 명시해야 합니다. 하지만, 불필요한 권한까지 넣으면 구글이나 애플 모두 스토어에 등록을 거부당할 수 있습니다.

구글 플레이에 등록된 안드로이드 앱 화면

애플 앱스토어에 등록 완료된 iTunes 화면

구글이나 애플사에서 제공하는 앱 스토어에 배포하려면 구글 개발자 계정과 애플 개발자 계정이 필요하며 유료입니다.

앱 스토어 배포 대한 자세한 내용과 노하우는 www.devgear.co.kr/book/mobile/ 에 있습니다.

단 "하나의 소스코드"로
안드로이드, iOS, 윈도우, 맥 모두 지원

멀티-디바이스, 순수 네이티브 앱 개발

상세 정보 www.devgear.co.kr/products/rad-studio

RAD Studio